Ihre Arbeitshilfen zum Download:

Die folgenden Arbeitshilfen stehen für Sie zum Download bereit:

Übungen und Tests
- Teamfähigkeit
- Kommunikationsfähigkeit
- Soziale Fähigkeiten

Muster
- Lebensläufe
- Anschreiben

Den Link sowie Ihren Zugangscode finden Sie am Buchende.

Bewerbungstipps und -tricks

Claus Peter Müller-Thurau

Bewerbungstipps und -tricks

Insider-Know-how eines Personalprofis

1. Auflage

Haufe Gruppe
Freiburg · München · Stuttgart

Bibliografische Information der Deutschen Nationalbibliothek
Die Deutsche Nationalbibliothek verzeichnet diese Publikation in der Deutschen Nationalbibliografie; detaillierte bibliografische Daten sind im Internet über http://dnb.dnb.de abrufbar.

Print: ISBN 978-3-648-08962-0   Bestell-Nr. 14030-0001
ePub: ISBN 978-3-648-08963-7   Bestell-Nr. 14030-0100
ePDF: ISBN 978-3-648-08964-4   Bestell-Nr. 14030-0150

Claus Peter Müller-Thurau
Bewerbungstipps und -tricks
1. Auflage 2016

© 2016 Haufe-Lexware GmbH & Co. KG, Freiburg
www.haufe.de
info@haufe.de
Produktmanagement: Jasmin Jallad

Lektorat: Cornelia Rüping, München
Satz: Reemers Publishing Services GmbH, Krefeld
Umschlag: RED GmbH, Krailling
Druck: Beltz Bad Langensalza GmbH, Bad Langensalza

Alle Angaben/Daten nach bestem Wissen, jedoch ohne Gewähr für Vollständigkeit und Richtigkeit. Alle Rechte, auch die des auszugsweisen Nachdrucks, der fotomechanischen Wiedergabe (einschließlich Mikrokopie) sowie der Auswertung durch Datenbanken oder ähnliche Einrichtungen, vorbehalten.

Inhaltsverzeichnis

Einführung		11
1	**So kommt Ihre Bewerbung gut an**	13
1.1	Null-Fehler-Toleranz	13
1.2	Mit einer ansprechenden Optik punkten	14
1.3	Empathie: Auf den Adressaten kommt es an	17
1.4	Das Anschreiben: Zeig, wer du bist!	19
	1.4.1 Das Anschreiben: der Start	20
	1.4.2 Das Anschreiben: Kernkompetenz benennen und auffächern	21
	1.4.3 Das Anschreiben: relevante Soft Skills benennen	22
	1.4.4 Das Anschreiben: der Abschluss	23
	1.4.5 Ungute Formulierungen, die es zu vermeiden gilt	24
1.5	Stellenangebote: Was zwischen den Zeilen zu lesen ist	26
1.6	Der tabellarische Lebenslauf: das Big Picture zeigen	28
	1.6.1 Struktur! Struktur! Struktur!	29
	1.6.2 Der CV »American Style«	30
	1.6.3 Das macht Personaler misstrauisch	31
	1.6.4 Wie sehr darf man seinen Werdegang »schönen«?	32
1.7	Das Foto: So kommen Sie gut rüber	34
1.8	»Seite drei« oder: Was Sie noch über mich wissen sollten	35
1.9	Dokumentieren, was sinnvoll ist	36
	1.9.1 Verdächtige Zwischenzeugnisse	37
	1.9.2 Was tun, wenn ein Zeugnis fehlt?	37
1.10	Die zeitgemäße Online-Bewerbung	38
1.11	Social Media als E-Recruiting-Instrument	39
	1.11.1 »Xing«: Was die Visitenkarte im Netz bringt	39
	1.11.2 LinkedIn: unterwegs im globalen Dorf	40
	1.11.3 Als Bewerber den Knappheitsgrundsatz beachten	40
1.12	Wenn Personaler googeln: Was das Netz behält und vom »Recht auf Vergessenwerden«	41
1.13	Worauf es bei einer Initiativbewerbung ankommt	42
2	**Tipps und Tricks für einen gelungenen Auftritt im Vorstellungsinterview**	45
2.1	So stimmen Sie sich mental ein	45
	2.1.1 Die »Big Five«	47
	2.1.2 Angst kommt von Enge	48
2.2	Augen und Ohren offen halten	49
2.3	Knigge: vom stilsicheren Auftritt	51

2.4	Die gekonnte Selbstpräsentation	54
2.5	Zwischen Dichtung und Wahrheit	55
2.6	Das Recht auf Lüge	57
2.7	Was im Interview nicht gut ankommt	58
	2.7.1 Ja-Sager und Schmeichler	58
	2.7.2 Politische Bekenntnisse sind riskant	60
	2.7.3 Theorie nicht gegen Praxis ausspielen	61
	2.7.4 Reden Sie nur über Dinge, von denen Sie Ahnung haben	63
	2.7.5 »Da haben Sie mich falsch verstanden«	63
	2.7.6 Aufdringliche Körpersprache	64
2.8	Strukturierte und unstrukturierte Interviews	65
3	**Fragen, die im Interview zu erwarten sind**	**67**
3.1	Typische Fragen zur Motivation der Bewerbung	67
3.2	Typische Fragen zum Bildungsweg	72
3.3	Fragen nach Unebenheiten im Werdegang	79
3.4	Fragen nach den Soft Skills	94
3.5	Situative Fragen im Interview: »Was würden Sie tun, wenn …?«	103
3.6	Fragen zum Privatleben	108
3.7	»Welche Fragen haben Sie denn noch?«	111
4	**Wenn's ums Geld geht: die Gehaltsverhandlung**	**115**
4.1	Grundsätze einer Gehaltsverhandlung	115
4.2	Welche Gehaltsforderung ist angemessen?	116
4.3	Wenn ein Kompromiss unumgänglich ist	117
5	**Endspurt: Kommen Sie nicht auf den letzten Metern ins Stolpern**	**119**
5.1	»Warum sollten wir uns für Sie entscheiden?«	119
5.2	»Haben Sie sich noch woanders beworben?«	120
5.3	»Stünden Sie uns eventuell auch für eine andere Aufgabe zur Verfügung?«	121
5.4	»Wie stehen meine Chancen?«	122
5.5	Konfusion mit Namen	122
5.6	»After Sales« in eigener Sache	123
6	**Schleichwege in die Seele: Psychotests**	**125**
6.1	Psychotests müssen Gütekriterien erfüllen	126
6.2	Gut vorbereitet in die Eignungstests	128
6.3	Was ist eigentlich Intelligenz?	129
6.4	Worum es bei Persönlichkeitstests geht	132
	6.4.1 Nehmen Sie nicht alles ernst!	134

7	**Stress am Postkorb: das Assessment-Center**	139
7.1	Kurzvortrag	139
7.2	Präsentation	140
7.3	Gruppendiskussion	140
7.4	Postkorb	141
7.5	»Dschungelübung«	145
8	**Psychogramme schwieriger Interviewpartner**	147

FAQ: Personalberater-Tipps zu speziellen Bewerberproblemen 155

Stichwortverzeichnis 163

Der Autor 165

Einführung

Der Fuchs kennt viele Tricks, der Igel kennt nur einen – aber einen besonders tollen. So heißt es in einer Überlieferung des antiken griechischen Poeten Archilochos. Und wer von den beiden gewinnt die Zukunft? Zunächst gibt es keinen Zweifel, dass der Fuchs bei all seiner Raffinesse vor dem Igel kapitulieren muss. Der rollt sich zusammen und der Fuchs ist chancenlos. Doch einstweilen haben sich die Verhältnisse geändert – der Igel kommt heute kaum noch heil über die Straße. Angesichts einer Herausforderung macht er das, was er immer getan hat und was er am besten kann, und gerät unter die Räder. Genauso geht es nicht wenigen Mitarbeiterinnen und Mitarbeitern.

Wer sich als Bewerber vorteilhaft positionieren will, muss ein Fuchs sein. Es gilt, das schon im schriftlichen Bewerbungsprozess zu zeigen. Fachkompetenz ist unverzichtbar, aber es reicht eben nicht aus, das Richtige zu wissen – man muss es auch umsetzen können. Und deshalb schaut sich der Personaler das »Gesicht« einer Bewerbung an: Was verrät sie über die Persönlichkeit des Absenders? Im Vorstellungsgespräch geht es dann so gut wie gar nicht mehr um das fachspezifische Wissen, sondern fast ausschließlich um Persönlichkeitseigenschaften.

Dieses Buch richtet sich an Jobaspiranten, die nach guten Ideen für ihren persönlichen Marktauftritt suchen, um sich im Bewerberranking möglichst weit vorn zu positionieren. Es bringt nichts, gutes Potenzial zu haben, wenn es keiner bemerkt. Lassen Sie sich von einem Praktiker inspirieren, der seit Jahren in der Personalbeschaffung tätig ist. Die besten Tipps und Tricks – so ist das Leben nun einmal – schaden nur jenen, die sie nicht kennen.

Hamburg, im März 2016
Claus Peter Müller-Thurau

1 So kommt Ihre Bewerbung gut an

Die Wette gilt, dass mancher Bewerber den Job seiner Träume bekäme, wenn er sich persönlich vorstellen könnte. Aber es kann nicht jeder Interessent eingeladen werden und die erste Hürde auf dem Weg zum Vertrag ist nun einmal mit der schriftlichen Bewerbung zu nehmen – egal, ob man diese online oder als Printversion auf den Weg bringt. Wenn beispielsweise aus Zeit- und Kostengründen zehn Bewerber eingeladen werden sollen und man landet mit seinen Unterlagen auf Platz elf, ist man aus dem Rennen. Oft ist dieser undankbare Platz lediglich auf kleine Unebenheiten im Anschreiben oder im Lebenslauf zurückzuführen – aber das sagt einem später aufgrund des Allgemeinen Gleichbehandlungsgesetzes (AGG) leider niemand. Verstolpern Sie also nicht gleich den Start Ihrer Bewerbungsaktion, sondern beherzigen Sie die folgenden Tipps aus der Praxis eines Personalberaters.

1.1 Null-Fehler-Toleranz

Fast jeder Jobsuchende wird es schon einmal bemerkt haben: Im Bewerbungsprozess geht es nicht zu wie im richtigen Leben. Im richtigen Leben dürfen Fehler passieren, aus denen ja schließlich etwas zu lernen ist – für die schriftliche Bewerbung gilt dagegen die Null-Fehler-Toleranz. Kein Personaler wird Ihnen Ihre Unterlagen mit dem Vermerk »Ihr Anschreiben ist verkorkst, schreiben Sie ein neues« zurücksenden. Nein – es gibt eine Absage! Das heißt also, Orthografie beziehungsweise Orthographie, Grammatik und Interpunktion müssen fehlerfrei sein.

> **Achtung**
>
> Jeder weiß oder sollte wissen, dass man in Bezug auf einen selbst verfassten Text mehr oder weniger »blind« ist. Deshalb gilt in vielen Unternehmen das »Vier-Augen-Prinzip«. Dieses Vorgehen setzt die Weisheit des Volksmundes in die Praxis um, dass vier Augen in der Regel mehr sehen als zwei. Abgestraft wird also nicht der Fehler an sich, sondern der Verstoß gegen diesen Grundsatz.

Selbstverständlich hängt die Bedeutung, die Personaler einem Lapsus zuschreiben, auch von der zu vergebenden Aufgabe ab. Wer sich als Jurist in einer Kanzlei bewirbt und im ersten Satz des Anschreibens einen Fehler einbaut, darf nicht damit rechnen, dass der Adressat noch weiterliest. Das gilt für alle Jobs – vom Debitorenbuchhalter über den Flugzeugmechaniker bis hin zum Chirurgen –, die ein hohes Maß an Gewissenhaftigkeit verlangen.

Aber schauen Sie doch einmal, welche Fehler Bewerbern immer wieder unterlaufen – mal, weil sie sich auf ihr Rechtschreibprogramm verlassen, und mal, weil sie es ignorieren oder keine Lust haben, in den Duden zu schauen. In dem folgenden Text sind sechs Fehler versteckt, die es zu finden gilt.

> **Praxis-Beispiel**
>
> »... habe ich mit Interesse gelesen ... Ein großer teil meiner bisherigen Aufgaben lag in der Kundenbetreuung ... Gern weise ich bei dieser Gelegenheit auf meine ausgeprägten aquisitorischen Fähigkeiten hin. Außerdem bin ich fit in SAP R3 und beherrsche Exel aus dem Effeff. Satt Französisch verfüge ich über sichere Spanischkenntnisse. Auf die Einladung zu einem Vorstellungsgespräch freie ich mich.«

1.2 Mit einer ansprechenden Optik punkten

Von Oscar Wilde stammt der Befund, dass nur oberflächliche Menschen nicht nach dem Äußeren urteilen würden. In diesem Sinne dürfen Personalexperten keinesfalls oberflächlich sein. Sie schauen sich sehr wohl das »Gesicht« der Bewerbungsunterlagen an, kennen aber auch den zweiten Teil des obigen Zitats, denn Oscar Wilde setzt wie folgt nach: »Das Sichtbare ist das Geheimnis, nicht das Unsichtbare.« Was verrät ein optisch unstrukturiertes Anschreiben und ein unaufgeräumter Lebenslauf über den Verfasser? Chaot? Mangelnde Motivation? Kein Gespür für die werbliche Außenwirkung? Hier geht es darum, den Geheimnissen des Sichtbaren auf die Spur zu kommen.

> **Achtung**
>
> Zeig mir, wie du deine Bewerbungsunterlagen optisch aufbereitet hast und ich sage dir, wer du bist! Ansprechend (!) gestaltete Unterlagen weisen auf einen Menschen hin, der sich zumindest in eigener Sache Mühe gibt, der sich die für eine gekonnte Selbstdarstellung notwendigen Informationen beschafft hat, der über ein Gespür für Ästhetik verfügt und der obendrein noch umsetzungsstark ist.
> Wie lautet doch der unterschwellige Appell eines jeden Bewerbers? Bitte machen Sie sich ein positives Bild von mir! – Dafür will der Personaler allerdings Gründe sehen.

Es folgen nun einige typische gestalterische Unebenheiten, die das Bild trüben und damit den Gesamteindruck beschädigen können. Nachlässigkeiten wie diese bringen Minuspunkte:

Mit einer ansprechenden Optik punkten 1

Beruflicher Werdegang	
seit 11/2007	Leitung Marketing (Direktmarketing)
8/06 – 10/07	Abteilungsleiter Vertrieb
2/04–6/06	Teamkoordinator Verkauf
12/01 – 1/04	Sachgebietsleitung Verkauf

Sie haben es gesehen? Die Binde- beziehungsweise Gedankenstriche zwischen den Zahlen sind in diesem Beispiel unterschiedlich ausgefallen. Sorgen Sie auch dafür, dass auf der Datenseite links kein Flattersatz entsteht. Schreiben Sie statt »8/06-10/07« bitte »08/06–10/07« und tun Sie dies konsequent bei allen Zeitangaben. Außerdem reduzieren Sie den Zahlensalat, indem Sie als Jahreszahl zum Beispiel nur »07« schreiben. Nach menschlichem Ermessen kann es sich nicht um das Jahr 1907 handeln.

Manche schriftlichen Bewerbungen wirken wie Augenpulver, andere so, als seien sie mit dem Kartoffeldruckverfahren erstellt worden. Auch der Ehrgeiz, zeigen zu wollen, was man in Sachen Gestaltung so alles mit dem Computer anstellen kann, wird vom Adressaten nicht honoriert. Bunt und abwechslungsreich darf es auf dem Basar zugehen, aber nicht bei der Vermarktung der eigenen Qualifikationen. Sie müssen kein Layouter oder Grafikdesigner sein, um Ihre Unterlagen gefällig gestalten zu können.

> **Achtung** !
> Dieter Rams, ehemaliger Chef-Designer des Elektrogeräteherstellers Braun und Großvater des Apple-Designs, definierte sein Berufsverständnis folgendermaßen:
> - Gutes Design ist unaufdringlich.
> - Gutes Design ist ehrlich.
> - Gutes Design ist konsequent bis ins letzte Detail.
> - Gutes Design ist so wenig Design wie möglich.
>
> Das ist zeitlos und gilt deshalb noch heute und auch für jede Bewerbung.

Die folgenden Empfehlungen zur Gestaltung unterstützen dabei, gelungene Unterlagen zu erstellen:
- Die »Farbe« Weiß erhöht die Lesbarkeit von Texten. Gehen Sie also großzügig mit dem Papier um. Das gilt auch für das Lesen auf dem Bildschirm.
- Entscheiden Sie sich für eine der üblichen Schriftarten. Machen Sie keine wilden Experimente, Arial ist auf jeden Fall besser als Zapfino.

- Wer persönlich keine Vorlieben hinsichtlich der Schriftart hat, schaut sich den Text des Stellenangebots oder auch die Homepage des Zielunternehmens an. Wurde dort durchgängig eine serifenfreie Schrift (also ohne Schnörkel) verwendet, zum Beispiel Arial oder Calibri, dann tun Sie das doch auch. Noch eine Anmerkung: Für Präsentationen sind serifenfreie Schriften von Vorteil, weil sie nicht vom Inhalt ablenken.
- Eine Schriftgröße von elf bis zwölf Punkt ist gut.
- Wenn Sie beim tabellarischen Lebenslauf noch einen »Überhang« von wenigen Zeilen auf der folgenden Seite haben, wählen Sie eine Elf-Punkt-Schrift. Oder prüfen Sie, wo Kürzungen möglich sind.
- Für die Überschriften im Lebenslauf (Persönliche Daten, Schulbildung, Ausbildung etc.) ist eine 13-Punkt-Schrift angemessen, die zudem gefettet oder unterstrichen werden sollte – aber bitte nicht beides.
- Wählen Sie im Fließtext einen einzeiligen Abstand. Lassen Sie im Curriculum Vitae (CV) zwischen den einzelnen Rubriken etwas mehr Abstand.
- Das Anschreiben sieht individueller aus, wenn es linksbündig – also nicht im Blocksatz – formatiert wird. Das gilt nicht für den Lebenslauf.
- Machen Sie aus Ihrer Bewerbung vorzugsweise ein PDF und alles ist gut.

> **Achtung**
>
> Der Adressat einer Bewerbung soll erkennen können, dass der Absender die Regeln für Geschäftsbriefe kennt. Das kommt immer gut an, denn damit hebt er sich von jenen ab, die da recht beliebig vorgehen. Die Norm DIN 5008 regelt die Struktur und das Design von Geschäftsbriefen (also auch von Bewerbungsanschreiben) folgendermaßen: Seitenränder oben 4,5 und unten 2,5 cm, links 2,5 und rechts 2 cm; Schriftgröße und Schriftart: zwölf Punkt. Ist das Anschreiben recht lang, darf es auch elf Punkt sein, damit das Ganze auf eine Seite passt. Zur Schriftart gibt es keine Regelung, Arial oder Times New Roman sind Standard.

Zur Struktur:
- Die Empfängeradresse ist maximal 8,5 cm breit und beginnt drei Zeilen unter der eigenen Anschrift. So passt alles in das standardisierte Sichtfenster von DIN-C6-Briefumschlägen und das gilt auch im Internet-Zeitalter.
- Datum und Ort folgen mit einer Leerzeile Abstand rechtsbündig unter dem Adressfeld.
- Der Betreff (Betreffzeile) beginnt zwei Zeilen unter dem Datum und darf »fett« oder durch eine größere Schrift hervorgehoben werden (13 oder 14 Punkt). Niemals mehr als zwei Zeilen für den Betreff verwenden und es versteht sich von selbst, dass »Betreff:« nicht mehr vorangestellt wird.
- Zwischen Betreff und Anrede liegen zwei Leerzeilen und nach einer weiteren Leerzeile folgt das eigentliche Anschreiben.

Unter der Unterschrift steht »Anlagen« (fett oder unterstrichen). Manche Bewerber führen hier sämtliche Anlagen einzeln auf und zerstören damit die Optik des Anschreibens.

1.3 Empathie: Auf den Adressaten kommt es an

Der Spruch ist uralt und stimmt ausnahmslos: Der Wurm muss nicht dem Angler schmecken, sondern dem Fisch. Ein Beispiel: Auch in der digitalen Welt wünschen sich manche Firmen noch Bewerbungsmappen, genauso gibt es Bewerber, die sich von einer eindrucksvollen Mappe Vorteile versprechen. Der Handel hat dieses Bedürfnis längst erkannt und bietet nach dem Vorbild eines Flügelaltars gestaltete »Dreiteiler« an, mit denen Personaler nur arbeiten können, wenn sie als Schreibtisch eine Tischtennisplatte haben. Schließlich möchten sie ja mehrere Unterlagen miteinander vergleichen. Eine Klemmmappe mit transparentem Deckel wäre daher vom Handling her deutlich komfortabler.

»Aber diese Präsentationsmappen sehen doch toll aus!«, wenden viele Bewerber ein. Und genau damit begehen sie den Fehler, der jede Marketingkampagne von vornherein zum Scheitern verurteilt: Sie orientieren sich an dem, was ihnen selbst gefällt, und nicht daran, was im Markt beziehungsweise bei einer definierten Zielgruppe vorteilhaft ankommt. »Gut gemeint«, das stellte der österreichische Schriftsteller und »Fackel«-Herausgeber Karl Kraus einmal fest, »ist ein anderes Wort für schlecht.« Wer die folgenden Tipps beherzigt, meint es nicht nur gut, sondern macht es auch gut:

- Weg mit dem Deckblatt. Es ist überflüssig wie ein Kropf und wird sofort in den Datenhimmel gescrollt beziehungsweise weggeblättert. Der Empfänger möchte sich mit dem Anschreiben und dem Lebenslauf befassen und keine Deckblätter nebst Ganzkörperablichtungen und Anlagenverzeichnis bewundern. Inzwischen sind die meisten Bewerbungsunterlagen mit einem lästigen Deckblatt versehen. Damit hat sich das Argument, man wolle dadurch auffallen, allemal erledigt. An dieser Stelle sei noch der Hinweis erlaubt, dass in einschlägigen Bewerberseminaren eine gigantische Zeitvergeudung mit der Gestaltung solcher Deckblätter betrieben wird.
- Das Foto gehört auf den tabellarischen Lebenslauf – und zwar rechts oben auf die erste Seite (gescannt oder manchmal noch geklebt). Der ersten Seite des CV schenkt der Personaler nach dem Anschreiben logischerweise die meiste Aufmerksamkeit. Ist dann neben den persönlichen Angaben rechts ein Bild zu sehen, dann passt das doch, weil beides zusammengehört. Achten Sie darauf, dass die Proportionen stimmen und das Foto nicht die ganze Seite dominiert.
- Weg mit Inhaltsverzeichnissen! Bürokraten haben wir genug.

- Der Volkshochschulkurs »Excel für Anfänger« muss nicht mit einem Zertifikat belegt werden. Irgendwann kann man auch die Schulzeugnisse weglassen. Zeitdiebe sind nicht gefragt. Es gibt Bewerber, die fügen Kopien von Schwimmpässen und Pilotenscheinen an, obwohl sie sich weder als Bademeister noch als Flugzeugführer bewerben. Warum, fragt sich manch ein Personaler, schickt mir jemand so etwas?
- Manche Zeugnisse sind grafisch und farblich edel gestaltet, deshalb erstellen Bewerber gern Farbscans. Damit können sie keinen Personaler beeindrucken, wohl aber die Firewall des Unternehmens, die die Bewerbung ablehnt. Bei einer Größe von maximal 5 MB ist nicht selten Schluss.

> **Praxis-Tipp**
>
> Bei Bewerbungen empfiehlt es sich immer, den Empfänger persönlich und mit Nachnamen zu nennen, wenn dieser bekannt ist. Also:
> Sehr geehrter Herr Mustermann,
> Sehr geehrte Frau Mustermann,
> Oder: Sehr geehrte Frau Mustermann, sehr geehrter Herr Müller,
> Bei männlichen und weiblichen Empfängern ist es üblich, die Frau zuerst zu nennen – es sei denn, es gibt ein starkes Hierarchiegefälle: Werden ein Chef und seine Assistentin adressiert, wird der Chef zuerst genannt.
> In vielen Unternehmen geht es allerdings im Briefverkehr und bei internen E-Mails längst lockerer zu. So haben sich einige moderne Anredeformeln neben dem klassischen »Sehr geehrte Damen und Herren« etabliert. Dazu zählen beispielsweise:
> Guten Tag, Herr Müller,
> Guten Tag, Frau Mustermann,
> Hallo Herr Müller,
> Hallo, liebe Frau Mustermann,
> Lieber Herr Müller,
> Wenn ein Bewerber bereits diverse Gespräche geführt hat und sich ein Vertragsangebot abzeichnet oder bereits vorliegt, kann ein lockerer Umgangston gewählt werden.
> Und was empfiehlt sich bei folgendem Stellenangebot? »Wenn Du gern in unserem jungen Team mitarbeiten möchtest, freuen wir uns auf Deine Bewerbung, die Du bitte an Marvin Westphal sendest.«
> Sehr geehrter Herr Westphal,
> Oder: Hallo Marvin?
> Jetzt ist Empathie gefragt. Es gilt herauszufinden, wie das Du gemeint ist. Geht es eher um Personalmarketing, also darum, junge und kreative Köpfe für ein Start-up zu gewinnen, oder orientiert man sich an den Umgangsformen schwedischer Unternehmen, in denen sich alle unabhängig von der hierarchischen Position mit Vornamen anreden? Wer hinsichtlich der Anrede unsicher ist, kann eine Mischform wählen:

»Hallo Herr Westphal,
gern würde ich in eurem Team erfolgreich mitarbeiten, da ich dafür gute Voraussetzungen mitbringe.«
Wer auf Nummer sicher gehen will, ruft Herrn Westphal an und bittet um weitere Informationen zur Aufgabe: »Hallo, mein Name ist Dustin Hoffmann. Ich hätte noch eine Frage zu dem interessanten Stellenangebot eurer Firma.« Wenn der Angerufene daraufhin duzt beziehungsweise den Anrufer mit Dustin anspricht, weiß dieser, welche Anrede in der Bewerbung zu wählen ist. Derartige Formalien sind nicht unerheblich, da sie zeigen, ob ein Bewerber zum Unternehmen passen könnte oder nicht.

1.4 Das Anschreiben: Zeig, wer du bist!

»Herzlichen Glückwunsch! Ich bin der, den Sie suchen.« Vielen Bewerbern missglückt das Anschreiben. Zugegeben – es ist auch der schwierigste Part der schriftlichen Bewerbung. Aber genau deshalb bringt ein gelungenes Anschreiben einen weiter in Richtung Vorstellungsgespräch. Der österreichische Schriftsteller Robert Musil hat den Sinn des Anschreibens auf den Punkt gebracht: »Eine Persönlichkeit ist Ausgangs- und Fluchtpunkt alles dessen, was gesagt wird, und dessen, wie es gesagt wird.« Und genau deshalb interessieren sich Personalexperten für das Anschreiben. Welche Persönlichkeit mag sich hinter den Zeilen verbergen? Das Anschreiben ist die erste eignungsdiagnostische Hürde.

Versuchen Sie sich an den folgenden Beispielen aus der Praxis einmal selbst als Psychodiagnostiker. Würden Sie diese Bewerber/innen zum Vorstellungsgespräch einladen?

> **Beispiel: Bewerbung als Junior-Berater**
> Sehr geehrter Herr Müller-Thurau,
> schwierige Zeiten erfordern neue Unternehmensstrategien und die Mobilisierung der Reserven. Dies wird mit zunehmendem Leidensdruck auch vom höheren Management erkannt (…)
> Mit einer zügigen Bearbeitung meiner Bewerbungsunterlagen würden Sie mir sehr entgegenkommen, da ich mich innerhalb der nächsten Woche entscheiden muss, ob ich eine mir angebotene Stelle im Außendienst annehme (…)

Absage! Der Bewerber startet mit einer schrägen Diagnose der Verhältnisse, die ja nie so sind, wie sie sein sollten, und schließt mit der Drohung ab, ein anderes Angebot anzunehmen, falls der angeschriebene Personaler nicht aufs Tempo drückt. Und offensichtlich ist ihm nicht klar, dass zwischen der Bewerbung als Junior-Berater und einer Tätigkeit im Außendienst Welten liegen.

> **Beispiel: Bewerbung als Key-Account-Manager**
> Sehr geehrte Damen und Herren,
> ich bin nicht der Musterkandidat, auf den Ihre erste Wahl fällt, aber der Kandidat, der auf Ihre Stellenbeschreibung passt.
> In Kürze lässt sich nicht ein Eindruck meiner Person aus dem Lebenslauf vermitteln, aber seien Sie sich dessen bewusst, meine Leidenschaft ist der ständige Dialog mit dem Kunden, dieses ist der rote Faden, der sich durch mein Berufsleben zieht und welcher mich für diese Position qualifiziert (…)

Es geht nicht darum, sich über Anschreiben von Bewerbern lustig zu machen, sondern aus den Fehlern anderer zu lernen. Dieses Anschreiben bedarf eigentlich keiner Kommentierung. Dennoch ein kurzer Hinweis: niemals defensiv starten und schon gar nicht dem Adressaten erklären, dass man in der Bewerbung seine tatsächliche Eignung nicht komplett darstellen könne. Das erwartet niemand, denn dazu ist das Vorstellungsgespräch da und das natürlich auch mit Einschränkung.

> **Beispiel: Bewerbung als Diplom-Betriebswirtin**
> Guten Tag, Herr Claus P. Müller-Thurau,
> Sie suchen eine engagierte Diplom-Betriebswirtin und ich suche ein vorausschauendes Unternehmen. Warum kommen wir nicht zusammen?
> Denn mitbringen werde ich
> 50 % Erfahrung
> 98 % Denkvermögen
> 98 % Organisationstalent
> 98 % Teamgeist
> 98 % Belastbarkeit
> Und da mir neben sehr gutem Englisch Französisch nicht »spanisch« ist, können wir es gemeinsam auf 100 % bringen.
> Wann darf ich mich vorstellen?

Ist dies das von vielen Bewerbungscoaches angemahnte Feuerwerk? Sind Personaler davon wirklich beeindruckt? Wie reagieren sie wohl auf die kecke Formulierung »Wann darf ich mich vorstellen?«. Manche männliche Personalbeschaffer schauen vielleicht zunächst einmal auf das Foto und jene, die ihre Aufgabe mit der erforderlichen Ernsthaftigkeit betreiben, fragen sich, wozu die Absenderin wohl noch fähig sein könnte.

1.4.1 Das Anschreiben: der Start

Wie fange ich bloß an? Mit dieser Frage plagen sich nicht nur Verliebte, die es drängt, ihre einschlägige seelische Verfassung zum Ausdruck zu bringen. Auch

Bewerber müssen das Ziel ihrer beruflichen Sehnsüchte in Worte fassen. Bekanntlich kann bereits der erste Satz alles verderben. Hier einige abschreckende Beispiele aus der Praxis:

> **Beispiele**
>
> »Bill Gates hat einmal gesagt, ...«
> »Die Globalisierung der Märkte erfordert vom Management ...«
> »Unternehmen, die sich behaupten wollen, müssen in Zeiten des ständigen Wandels ...«

Solche Schlaumeier bekommen nach dem ersten Satz bereits die gelbe Karte. Genau das meint der oben erwähnte Robert Musil mit dem Hinweis, dass wir über die Art und Weise, wie wir kommunizieren, etwas über uns selbst verraten.

> **Achtung**
>
> »Ihr Angebot habe ich mit Interesse gelesen und deshalb bewerbe ich mich um diese Aufgabe.« Wie bitte? Das ist doch langweilig, hört man oft. Man müsse doch, so heißt es, zum Start ein Feuerwerk zünden. Man stelle sich vor, jeder Bewerber würde dieser Empfehlung folgen. Feuerwerke können eine Strafe sein, wenn man gezwungen wird, sie unentwegt zu besichtigen. In diesem Sinne kann auch Originalität sehr anstrengend sein.
> »Ihr Angebot habe ich mit Interesse gelesen und deshalb bewerbe ich mich um diese Aufgabe.« Dieser schnörkellose Satz ist eine Wohltat. Mit dem ersten Wort »Ihr« wird der Adressat angesprochen und dem Schreiben damit eine persönliche Note gegeben. Und wer in der Betreffzeile angeführt hat, worum es geht, muss nicht noch einmal schreiben, dass er sich als »Key-Account-Manager« bewirbt.
> Das Wort »Aufgabe« zeigt übrigens, dass Sie die sich zunehmend flexibilisierende Arbeitswelt verstanden haben. Es geht nicht um Stellen oder Positionen, sondern um zu erledigende Aufgaben.

1.4.2 Das Anschreiben: Kernkompetenz benennen und auffächern

Nach dem Start kommt folgerichtig eine Antwort auf die Frage: »Was kannst du?« Es geht also um die Fachkompetenz, die zwar nicht alles ist, aber ohne die alles nichts ist. Hier werden die eigenen berufsbezogenen Qualifikationen wie Ausbildungs- und Studienabschlüsse erwähnt, zudem gegebenenfalls besondere Kenntnisse und Erfahrungen, die zur angestrebten Aufgabe passen.

> **! Achtung**
>
> »Vor dem Hintergrund einer Ausbildung zur/zum … (eines Studiums mit den Schwerpunkten …) verfüge ich über (gute/fundierte) Kenntnisse und (solide/erste) Erfahrungen auf den Gebieten XYZ.
> In meinem derzeitigen (letzten) Anstellungsverhältnis bin (war) ich vorrangig verantwortlich für XYZ. Davor habe ich (…).«
> Oder: »Im Rahmen meiner Praktika konnte ich interessante Einblicke in (…) gewinnen und im Bereich (…) erfolgreich mitarbeiten.«
> Wenn das Thema einer Diplom-, Bachelor- oder Masterarbeit zum Job gut passt, kann es bereits im Anschreiben erwähnt werden – aber auch nur dann. Sonst gehört es in den Lebenslauf.
> Sprachen und IT-Kenntnisse gehören nicht in das Anschreiben, außer es handelt sich um geforderte besondere Qualifikationen wie Japanisch oder spezielle Programmiersprachen oder Netzwerktechniken. Alles andere steht ebenfalls im tabellarischen Lebenslauf unter der Rubrik »Sprachkenntnisse« oder »IT-Kenntnisse«.
> Firmennamen werden im Anschreiben nur genannt, wenn sie einen besonderen Aufmerksamkeitswert haben. Auch sie sind ansonsten im Lebenslauf zu finden.

1.4.3 Das Anschreiben: relevante Soft Skills benennen

Die Antwort auf die Frage »Wer bist du?« eröffnet weite Spielräume der Beliebigkeit. Und hier kann man lügen, dass sich die Balken biegen. Aber darum geht es zunächst gar nicht. Mit den erwähnten Soft Skills sollen Bewerber zeigen, dass sie die Anforderungen der Aufgabe verstanden haben. Meist stehen die geforderten fachübergreifenden Qualifikationen im Stellenangebot, aber: Es kommt auf das Ranking an. Wer sich beispielsweise als Assistent der Geschäftsführung bewirbt und zuallererst seine ausgeprägte Teamfähigkeit betont, hat den Job nicht verstanden. Als Assistent eines Top-Managers ist man dessen rechte Hand und sehr einsam. Von einem Team ist weit und breit nichts zu sehen. Hier sind Soft Skills wie Loyalität, Belastbarkeit, Zuverlässigkeit und Verschwiegenheit gefragt.

> **! Achtung**
>
> Drei ist eine gute Zahl. Beantworten Sie die Frage nach den persönlichen Stärken daher zunächst mit drei Soft Skills, die zur angestrebten Aufgabe passen und die Sie im Vorstellungsgespräch auch belegen können. Wer im Anschreiben Kommunikationsfähigkeit als Stärke anführt und später keinen unfallfreien Satz hinbekommt, schießt sich selbst ab.
> Warum ist die Drei eine gute Zahl? Es gibt eine alte Handwerkerregel, die lautet: »Nach fest kommt ab!« Wenn man beim Anziehen einer Schraube diese überdreht, fällt sie einem vor die Füße. Das gilt auch für die Auflistung von Soft Skills: »Zu meinen besonderen Stärken zähle ich Teamfähigkeit, kommunikative Kompetenz, Flexibilität, Organisationstalent, Belastbarkeit, Kreativität und interkulturelle Kompetenz.« Diesem Bewerber wird nicht einmal mehr die erste angeführte Eigenschaft geglaubt.

Hier ein Tipp, wie man es machen kann, wenn es zur Aufgabe passt: »Zu meinen persönlichen Stärken zähle ich Belastbarkeit, Zuverlässigkeit und Flexibilität.« Und wer richtig gut ist und weiß, worauf es im Arbeitsalltag ankommt, fügt noch eher beiläufig hinzu: »Außerdem kann ich sehr gut sowohl selbstständig als auch im Team arbeiten.«

1.4.4 Das Anschreiben: der Abschluss

Was will der Personaler im Regelfall zum Schluss noch wissen? Er will erfahren, welche Gehaltsvorstellungen ein Bewerber hat und ab wann er zur Verfügung steht. Um diese Angaben wird normalerweise im Stellenangebot ja auch gebeten. Wer als Bewerber für die Anreise zum Vorstellungsinterview Reisekosten verursachen würde, sollte sich bezüglich seiner Gehaltswünsche unbedingt vorab erklären. Das einladende Unternehmen möchte natürlich nicht erst vor Ort feststellen müssen, dass eine Anstellung am Geld scheitern würde. Besonders unerfreulich wäre dieser Sachverhalt für den Personaler, der die Reisekosten auch noch rechtfertigen muss. Der Vorwurf lautet: »Hätten Sie das nicht vorab klären können?«

Wer sich in seinem lokalen Umfeld bewirbt, kann sich im Zweifelsfall bezüglich der Gehaltsfrage noch bedeckt halten. Das gilt vor allem für diejenigen, die ein Leistungsprofil haben, das gut zur ausgeschriebenen Stelle passt.

Im letzten Absatz gilt es nun, sich anständig zu verabschieden. Verzichten Sie auf das Bekenntnis, wie gern Sie den Job hätten und wie toll Sie das Unternehmen finden. Bestenfalls kann man in einem Satz noch einmal anführen, warum einen die Aufgabe und das Unternehmen interessieren. Meist läuft dies auf eine Pflichtübung hinaus und jeder Personaler weiß das und ist gelangweilt.

Und nun zur Abgangsformel: »Über eine Einladung zu einem Vorstellungsgespräch würde ich mich freuen.« Wie bitte? Ein Konjunktiv? Das ist doch völlig out. »Ich freue mich auf unser gemeinsames Gespräch.« Dieser Satz wird von Flensburg bis Passau von Bewerbungsberatern dringend empfohlen, die freilich niemals in ihrem Leben je eine Stelle besetzt haben. Mit den Deutschlehrern in der Schule geht das schon los, wenn Bewerbungen um Praktika besprochen werden, und endet noch längst nicht mit von den Arbeitsagenturen verordneten Bewerbungstrainings. Man müsse doch selbstbewusst auftreten, wird argumentiert. Nein – gesucht werden Frauen und Männer mit einer gesunden Einstellung zum Wettbewerb, mit Realitätssinn und mit der Fähigkeit zur Selbstkritik. Eine »Hoppla-jetzt-komme-ich«-Mentalität ist weniger gefragt.

In Wirklichkeit gibt es doch keinen Grund, einen Vorstellungstermin als selbstverständlich anzunehmen. Es sei denn, man leidet unter einer narzisstischen Persönlichkeitsstörung. Wohltuend – weil äußerst rar – ist einstweilen tatsächlich der schlichte Satz: »Über eine Einladung zu einem Vorstellungsgespräch würde ich mich freuen.« Es lebe der Konjunktiv! Man muss sich nicht klein machen, aber ein Vorstellungsgespräch würde man ja auch nicht mit dem Satz »Ich freue mich schon auf meinen Vertrag!« beenden.

> **! Achtung**
>
> Eine Schriftstellerregel lautet: »Schreib keinen Satz so hin, wie er dir gerade einfällt.« Manche Anschreiben sind stilistisch schaurig und wenn es im Job unter anderem um kommunikative Kompetenz geht, hat sich die Sache oft schon deshalb erledigt. Aber Personaler ärgern sich bisweilen auch über kleinere textliche Unebenheiten – zumal wenn sie sich selbst bei der Ausformulierung des Stellenangebots viel Mühe gegeben haben. Daher heißt die Devise für Sie: feilen und redigieren!
> - Keine Dubletten! Beispiel: »… suche ich eine neue Herausforderung. Da Ihr Unternehmen international tätig ist, wäre es für mich als Absolvent einer Business-School eine besondere Herausforderung …«
> - Keine Schachtelsätze! Drei Kommas in einem Satz ist eins zu viel. Es sei denn, es handelt sich um eine Aufzählung.
> - Keine Strich- oder Punktaufzählungen! Dieses Gestaltungsmittel passt in den tabellarischen Lebenslauf – im Anschreiben wirkt es eilig und lieblos.
> - Nicht zu viele Substantive! Belastbarkeit, Flexibilität, Teamfähigkeit und kommunikative Kompetenz sind zweifellos gefragt, aber zur Abwechslung klingt ein Eigenschaftswort auch ganz schön. Etwa: »Ich bin belastbar, flexibel und arbeite gern im Team.«
> - Sätze nicht zu oft mit »Ich« beginnen! Beispiel: »Ich habe Ihre Anzeige mit Interesse gelesen und … Ich habe eine Ausbildung zum …«
> - »Mit herzlichen Grüßen Ihr …« Mit dieser Abschiedsfloskel ist die Schraube in Sachen Vertraulichkeit überdreht. Es ist schon toll, wie oft Personaler von ihnen völlig fremden Menschen herzliche Grüße zugestellt bekommen.
>
> Soweit einige Merkposten zum Stil, über den der englische Schriftsteller und Staatsmann Philip Chesterfield anmerkte, dass er die Kleidung der Gedanken sei. Natürlich muss man als Bewerber kein verkannter Schriftsteller sein, aber es sollte wenigstens deutlich werden, dass sich jemand beim Texten Mühe gegeben hat und über sprachliches Einfühlungsvermögen verfügt. Wie lautet doch die älteste Regel der Rhetorik? Es ist egal, was du sagst oder schreibst – entscheidend ist, wie es ankommt.

1.4.5 Ungute Formulierungen, die es zu vermeiden gilt

- »Sie suchen für Ihr Unternehmen einen Vertriebsmitarbeiter im Außendienst zur Übernahme von konzeptionell-strategischen Aufgaben im operativen Ta-

1 Das Anschreiben: Zeig, wer du bist!

gesgeschäft, zur Betreuung und Erweiterung Ihres Kundenstamms mit den erforderlichen kaufmännischen und persönlichen Fähigkeiten und Eigenschaften sowie …«

Kommentar Personalberater: Spätestens bei dem Wort »sowie« sind auch dem besonders leidensfähigen Personaler die Füße eingeschlafen. Also bitte im Anschreiben nicht den Text der Stellenanzeige wiederholen, sondern beschreiben, was Sie dem Unternehmen hinsichtlich der Aufgabe zu bieten haben.

- »In Zeiten der Globalisierung ist nach der Restrukturierung vor der Restrukturierung. Dies stellt an das mittlere Management im operativen Bereich allerhöchste Anforderungen, denen ich mich in Ihrem Unternehmen gern stellen möchte.«

Kommentar Personalberater: Schlaumeier, die den Sprachdunst aus dem akademischen Oberseminar verbreiten, sind eine Plage. Manche Bewerber beziehen sich in ihrem Anschreiben auch auf Management-Gurus, die gerade hoch im Kurs stehen. Das alles wirkt angelesen, großspurig und wenig authentisch.

- »Ihr Unternehmen genießt weltweit einen hervorragenden Ruf und hat sich durch innovative Produkte einen einzigartigen Namen gemacht. Die Unternehmenskultur ist vorbildlich und …«

Kommentar Personalberater: Lobhudeleien kosten nur Zeit und haben null Informationswert. Natürlich kommt hier oft der Einwand, man müsse doch begründen, warum man sich bei einer bestimmten Firma beworben habe. Das Beste ist aber, auf die Aufgabe und die vermutete Übereinstimmung mit dem persönlichen Profil einzugehen. Die Frage, warum man beruflich gern bei der Firma X einsteigen möchte, wird in der Regel ja später im Vorstellungsgespräch gestellt.

- »Ich suche schnellstmöglich eine neue spannende Tätigkeit.«

Kommentar Personalberater: Das Wort »spannend« gehört gestrichen. Das klingt nach Rosinen picken und geht an der beruflichen Wirklichkeit vorbei, die leider auch viele Routinetätigkeiten bereithält. Und »schnellstmöglich« klingt zu sehr nach Not und weckt die Sorge, dass da jemand übereilt in eine neue Aufgabe stolpern könnte.

- »Auch ohne ein entsprechendes Studium nachweisen zu können, bin ich davon überzeugt, Ihren Anforderungen zu entsprechen.«

Kommentar Personalberater: Im Geschäftsleben gibt es Soll und Haben, im Anschreiben gilt es jedoch, nur die Habenseite herauszustellen. Alles andere wird gegebenenfalls vor Ort aufgeklärt. Und mit Sätzen wie »Ich bin überzeugt, dass …« mischt man sich in die Entscheidungsbefugnisse des Personalers ein.

- »Die Gründe für den angestrebten Wechsel würde ich Ihnen gern in einem persönlichen Gespräch erläutern.«

Kommentar Personalberater: Solche Sätze liest man häufiger und sie verheißen nichts Gutes. Man darf sich als Personaler auf umständliche Begründungen gefasst machen, warum jemand schon wieder wechseln will und dass derjenige ohne eigenes Verschulden in eine missliche Lage geraten sei. Weg also mit solchen Ankündigungen, die durchaus auch wie eine Drohung wirken können.

- »Ich bitte darum, meine Bewerbung vertraulich zu behandeln.«
Kommentar Personalberater: Hier wird unterstellt, dass Personaler Plaudertaschen sind oder nichts Besseres zu tun haben, als sich bei Kollegen nach der Eignung eines Bewerbers zu erkundigen und damit dessen Veränderungswunsch publik zu machen. Wenn Sie sich in einer überschaubaren Branche bewerben und Angst vor einer Indiskretion haben, erwähnen Sie Ihren derzeitigen Arbeitgeber in den schriftlichen Unterlagen nicht namentlich. Viele Betriebe verfahren ja ähnlich, indem sie anonym unter der Adresse einer Personalberatungsfirma suchen. Und wenn Sie sich bei einer Personalberatung bewerben, fügen Sie einen entsprechenden Sperrvermerk hinzu (»Bitte meine Unterlagen den Firmen X nicht vorlegen.«).

- »Ich freue mich sehr darauf, in einem persönlichen Gespräch mehr über Ihr Unternehmen zu erfahren.«
Kommentar Personalberater: Diese Formulierung verfehlt den Zweck eines Vorstellungsinterviews. Es gilt festzustellen, ob das Anforderungsprofil der Aufgabe mit dem Leistungs- und Persönlichkeitsprofil des Kandidaten übereinstimmt. Und bei dieser Gelegenheit wird der Bewerber auch noch etwas über die Firma erfahren.

- »Ich bin mir sicher, dass Sie mit der Wahl meiner Person die richtige Entscheidung treffen. Bitte geben Sie mir die Möglichkeit, mich Ihnen in einem persönlichen Gespräch vorzustellen.«
Kommentar Personalberater: Mangelnde Selbstkritik wird bei Nachwuchskräften besonders häufig als Schwäche ausgemacht. Insofern ist der erste Satz völlig daneben. Der zweite Satz bildet das Kontrastprogramm, da servil formuliert. Ein Bewerber ist kein Bittsteller und wenn er sich so aufführt, hat er meist einen unguten Grund dafür.

1.5 Stellenangebote: Was zwischen den Zeilen zu lesen ist

Es gibt Bewerber, die den Eindruck vermitteln, dass sie das Stellenangebot nicht richtig verstanden haben. Wenn Sie eine Anzeige lesen, muss die Kernfrage lauten: Worauf kommt es eigentlich an? Wer diese Frage richtig beantwortet, weiß, worauf im Anschreiben und später auch im Vorstellungsinterview besonders zu

1 Stellenangebote: Was zwischen den Zeilen zu lesen ist

achten ist. Andernfalls schreibt und redet man ins Blaue. Machen Sie einmal den folgenden Test.

> **Beispiel: PR-Assistent/in gesucht**
> Sie haben Ihr Studium abgeschlossen und idealerweise bereits erste Erfahrungen in Marketing und/oder PR gesammelt, sind fit in Englisch und am Computer, haben Spaß am Schreiben und Organisieren und sind an Sport, Musik und Kultur interessiert. Außerdem sind Sie nicht nur geistig mobil … möchten wir baldmöglichst unser kleines Team verstärken.

Auf welche Anforderungen würden Sie – angenommen, die beschriebene Aufgabe könnte gut zu Ihnen passen – in Ihrem Anschreiben besonders eingehen? Es folgen nun in zufälliger Reihenfolge die Eigenschaften beziehungsweise Qualifikationen, die in der obigen Anzeige aufgeführt sind. Alle erwähnten Anforderungen sind zwar erwünscht, aber nicht gleichwertig. Welches mag das maßgebliche Ranking des suchenden Unternehmens sein? Machen Sie ein Gedankenexperiment und sortieren Sie die Reihenfolge entsprechend Ihrem Dafürhalten um.

Mobilität	Platz ____
Computer	Platz ____
Englisch	Platz ____
Organisieren	Platz ____
Schreiben	Platz ____
Sport, Musik, Kultur	Platz ____
Studium	Platz ____
Erfahrung im Marketing	Platz ____
Teamfähigkeit	Platz ____

Richtig! Wenn Sie Formulierungen wie »Möchten wir unser kleines Team verstärken« lesen, wissen Sie, dass Teamfähigkeit die wichtigste Voraussetzung ist, um ein Jobangebot zu erhalten. Niemand möchte sich sein kleines Team von jemandem kaputtmachen lassen, der zwar ein exzellenter Fachmann ist, aber nicht in die Gruppe passt.

In manchen Stellenangeboten wiederum finden sich Anforderungen, die sich auszuschließen scheinen oder zumindest schwer unter einen Hut zu bekommen sind. Lesen Sie bitte einmal die folgende Stellenanzeige, die konträre Anforderungen enthält:

> **! Beispiel: Data-Warehouse-Designer gesucht**
>
> Ihr Profil
> - Technisches Studium oder 2- bis 3-jährige einschlägige Berufserfahrung
> - Fundierte Kenntnisse im Bereich Datenmodellierung
> - Kenntnisse über relationale Datenbanken
> - Gute organisatorische und kommunikative Fähigkeiten
> - Teamfähige und durchsetzungsfähige Persönlichkeit

Sie haben es gemerkt: Hier soll jemand zugleich ein guter Teamplayer sein, sich gegenüber anderen aber durchsetzen können. Dieses »Doppelpack« ist nicht untypisch für die Arbeitswelt, aber in Personalunion leider nicht häufig zu haben. Ein Bewerber muss beim Lesen der Anzeige erkennen, dass es im zukünftigen Job eine Gratwanderung zwischen den beiden sich bisweilen widersprechenden Anforderungen hinzubekommen gilt. Darauf ist bereits im Anschreiben einzugehen – erst recht natürlich später im Vorstellungsgespräch. So ist eben die Arbeitswelt: Es reicht nicht aus, das Richtige zu wissen und zu wollen, man muss es auch um- und durchsetzen können. Diese Formulierung ist gelungen: »Ich arbeite gern im Team, kann aber Druck gut aushalten und einen als richtig erkannten Standpunkt im Zweifelsfall durchsetzen.«

1.6 Der tabellarische Lebenslauf: das Big Picture zeigen

»Sag mir, wo du herkommst, und ich sage dir, wohin dich dein Weg führen wird.« Das klingt etwas vermessen, beschreibt aber den Sachverhalt recht treffend: Der Lebenslauf soll zeigen, was bisher passiert ist, und die Personalfachleute wagen auf Grundlage dieser Informationen eine Prognose über das, was zukünftig passieren wird. Hat der Interessent aufgrund seiner Bildungsbiografie das Zeug dazu, eine angestrebte Aufgabe zu meistern oder nicht? Die Antwort hängt nicht nur von der tatsächlichen Biografie ab, sondern auch davon, wie man diese im CV präsentiert.

Das gilt vor allem auch für jene Werdegänge, die nicht ganz so sind, wie sie sein sollten. Da zeigt sich im CV beispielsweise, dass jemand nach Fehlentscheidungen in einer beruflichen Sackgasse gelandet ist oder eine Probezeit vergeigt hat. Mal sind die Zeugnisse suboptimal und mal wurde zu häufig der Job gewechselt. Viele Bewerber gehen mit solch kleineren oder größeren Kalamitäten ungeschickt um und verringern dadurch ihre Chancen, eingeladen zu werden.

1.6.1 Struktur! Struktur! Struktur!

Wenn Sie im Jobportal monster.de den Suchbegriff »Strukturiertes Arbeiten« eingeben kommt die Meldung: »1,000 + Strukturiertes Arbeiten Jobs entsprechen Ihren Suchkriterien.« Selbststrukturierung ist ein unverzichtbares Soft Skill, denn es gilt, im Berufsleben Kundengespräche, Verkaufsberichte, Meetings, Projekte, den Arbeitstag und vieles mehr zu strukturieren. Mit einem tabellarischen Lebenslauf kann man schon einmal zeigen, dass man dazu fähig ist.

Die folgenden Überschriften bieten sich je nach persönlicher Biografie für die Sortierung der Informationen an:
- Persönliche Daten
- Schule
- Berufsausbildung/Berufsfortbildung
- Wehr-/Zivildienst (für »ältere Semester«) beziehungsweise FSJ/BFD
- Studium
- Beruflicher Werdegang
- Studienbegleitende Aktivitäten
- Praktika
- Weiterbildung
- Sprachen
- IT-Kenntnisse
- Methodenkenntnisse
- Auslandserfahrungen
- Ehrenamtliche Tätigkeiten
- Hobbys/Freizeit

Dass links auf der Seite jeweils die Zeitangaben zu stehen haben und rechts das, was man gemacht hat, ist selbstverständlich. Ein mangelhafter Gestaltungswille oder optische Unebenheiten werden natürlich abgestraft. Und abgestraft wird auch fehlende Transparenz im Lebenslauf. Wer Lücken zulässt oder bestimmte Stationen im Werdegang unklar definiert, muss damit rechnen, dass der Personaler diese zunächst einmal mit negativen Mutmaßungen ausfüllt. Es werden nun einmal Phasen der Arbeitslosigkeit zu häufig hinter vermeintlich anspruchsvollen Formulierungen wie »Tätigkeit als freier Berater« oder Ähnliches versteckt. Im Vorstellungsgespräch stellt sich oftmals heraus, dass es sich hier um heiße Luft handelt. Geradlinigkeit wäre besser gewesen.

Viele Bewerber verfrachten ihre EDV-Kenntnisse und ihre Sprachen unter eine Überschrift. Das macht dem Personaler viel Arbeit, diese Kenntnisse – die ja recht wenig miteinander zu tun haben – auseinanderzusortieren. Und es besteht eben auch die Gefahr, dass etwas übersehen wird, wenn etwa die Rubrik »Sonstige Kenntnisse« eher einen Informationsbrei bietet.

Die Überschrift »Methodenkenntnisse« findet man immer noch recht selten im tabellarischen Lebenslauf. Projektmanagement, Zeitmanagement, Konfliktmanagement, Kreativitätstechniken, Verhandlungstechniken, Balanced Scorecard, SWOT-Analyse, Morphologische Analyse – mit solchen fachübergreifenden Tools kann man sich als Bewerber zusätzlich empfehlen. Hier wird mancher Punkt verschenkt.

1.6.2 Der CV »American Style«

In der Praxis kommen regelmäßig Bewerbungen an, deren beruflicher Werdegang nach den persönlichen Angaben sinngemäß wie folgt startet:

Beruflicher Werdegang	
seit 09/15	arbeitssuchend
07/11–08/15	Projektmanager Firma Meyer & Sohn
01/07–06/11	Junior-Berater KPMG
(…)	

Leitmuster bei der Gestaltung des CV ist hier der seit einigen Jahren dringend empfohlene Lebenslauf »reverse chronological«. Zum Glück gibt es noch keine bindende EU-Vorschrift zur Gliederung von Bewerbungsunterlagen, denn in dem hier vorgestellten Fall ist es unklug, die »Last-job-first«-Version (amerikanischer Lebenslauf) zu verwenden. Die erste Botschaft lautet ja, dass der Kandidat schon mehr oder weniger lange vergeblich eine neue Aufgabe sucht. Da stimmt wohl etwas nicht, könnte man mutmaßen, und wenn die Zahl der Interessenten hoch ist, landet diese Bewerbung schnell im Absagen-Ordner.

Im obigen Fall ist also unbedingt die klassische Variante der CV-Gliederung zu empfehlen. Da erfährt der Adressat nämlich zunächst etwas über die Erfolge des Kandidaten: Ausbildung und Studium sind abgeschlossen und der Berufseinstieg unmittelbar nach Ende des Studiums ist ebenfalls geglückt. Dann folgen eventuell weitere berufliche Stationen, die positiv zu bewerten sind und auf den Bewerber neugierig machen. Der Umstand, dass es zurzeit nicht rund läuft, wird aufgrund der Vorkenntnisse in einem günstigeren Licht gesehen. Und um bei dieser Gelegenheit ein Missverständnis aus der Welt zu schaffen: Es heißt immer, dass Personaler sich für die Gegenwart eines Bewerbers interessierten und nicht für dessen Vergangenheit. Also: Sage mir, wo du jetzt stehst, und ich sage dir, wie es beruflich weitergeht! In der Eignungsdiagnostik hält man sich lieber an den schon erwähnten Satz: Sage mir, wo du herkommst, und ich sage dir, wohin dich deine berufliche Reise führt!

> **Hinweis**
> Übrigens beginnt auch der amerikanische Lebenslauf mit »Education«, »reverse chronological« heißt »last job first«.

1.6.3 Das macht Personaler misstrauisch

In vermutlich keinem anderen Land wird so viel mit Zeugnissen und Zertifikaten hantiert wie in Deutschland. Das hängt mit unserem Arbeitsrecht und der daraus resultierenden Absicherungsmentalität der Entscheidungsträger in Personalfragen zusammen, aber leider auch mit Hochstaplern und Betrügern im Kreis der Bewerber. Man denke an jenen Postboten, der mit gefälschten Dokumenten jahrelang als Arzt praktiziert hat oder an den aktuellen Fall einer Frau, die niemals ein Staatsexamen abgelegt hat, aber viele Jahre als Lehrerin im Staatsdienst mehrerer Bundesländer angestellt war. Ein erfahrener Personaler weiß deshalb, wo er genauer hinsehen muss. Schauen Sie sich bitte unter diesem Gesichtspunkt den folgenden Ausschnitt aus einem Lebenslauf an.

Studium	
03/07–10/12	Studium der Wirtschaftswissenschaften an der Universität Hamburg
Beruflicher Werdegang	
06/08–10/10	Studentische Hilfskraft am Institut für Betriebswirtschaftslehre Universität Hamburg
2011–2012	Eventmanager bei der Agentur »dialog«
01/13–01/14	Praktikum Meinungsforschungsinstitut Prägnant
seit 2015	Beratungstätigkeit Institut für Demoskopie

Was stört beim Lesen dieses CV? Der erste Täuschungsversuch fällt bereits bei der Erwähnung des Studiums der Wirtschaftswissenschaften auf. Meist sucht man in solchen Fällen vergeblich nach einem Abschlusszeugnis (Diplom, Bachelor oder Master) in den Unterlagen. Kein Wunder, denn das Studium wurde abgebrochen oder der Studierende hat das Examen nicht geschafft. Das kann passieren und ist auch keine Schande. Grenzwertig ist allerdings die Spekulation, bei einem vielleicht weniger aufmerksamen Leser als Absolvent durchzugehen. Wer sich hier angesprochen fühlt, füge bitte als Zusatz in Klammern »ohne Abschluss« an. Denn es gibt Punkte für Transparenz und Gradlinigkeit.

Die dann folgende Präsentation des beruflichen Werdegangs ist eine Mogelpackung. Hier wird zusammengefügt, was nicht zusammengehört. Praktika und studienbegleitende Tätigkeiten müssen als solche benannt werden. Außerdem kommt beim Personaler wenig Freude auf, wenn er die einzelnen Posten auseinandersortieren muss.

Missmutig stimmen auch die großzügigen Zeitangaben, bei denen nur mit Jahren hantiert wird: »2011–2012 Eventmanager«. Das könnte eine Verweildauer von immerhin zwei Jahren bedeuten, stimmt aber gar nicht. Der Blick ins Arbeitszeugnis verrät, dass der Bewerber die Firma bereits nach zehn Monaten wieder verlassen hat. »Seit 2015« ist der Bewerber in einem Institut für Demoskopie als Berater tätig. Es ist nicht unerheblich, ob der Starttermin im Januar oder im Dezember des Jahres war. Personalbeschaffer fühlen sich bei solchen Interpretationsspielräumen um die Linde geführt.

1.6.4   Wie sehr darf man seinen Werdegang »schönen«?

Es empfiehlt sich grundsätzlich, beherzt mit eventuellen »scharfen Biegungen« im eigenen Lebenslauf umzugehen. Das gilt erst recht für das Vorstellungsgespräch. Offenheit wird eher belohnt als der meist untaugliche Versuch, Misserfolge zu verbergen. Eine überschaubare zeitliche Lücke zwischen dem Abschluss einer Berufsausbildung oder einem Studium und dem Start ins Berufsleben ist beispielsweise überhaupt nicht anrüchig. Man darf diese Zäsur in der Biografie gern für eine längere Reise nutzen. Weniger gut klingt es, wenn solch eine Unternehmung als »Studienreise« überhöht wird.

Ein wenig Wortkosmetik ist dennoch erlaubt. Wie also benennt man Phasen der Arbeitslosigkeit? »Arbeitslos«? Kann man schreiben, klingt aber nach Behörde. »Arbeitssuchend«? Klingt dynamischer, wirft aber die Frage auf, ob die betreffende Person in der Zeit nicht auch noch etwas anderes gemacht hat. »Aktiv arbeitssuchend?« Wer gefragt wird, worin der Unterschied zwischen den beiden letzten Bezeichnungen einer Lücke besteht, kommt in Schwierigkeiten. Besser ist die Formulierung »ohne Anstellung«. Sie benennt den derzeitigen Status am Arbeitsmarkt, lässt jedoch die Möglichkeit offen, dass in dieser Zeit durchaus eine Menge los war. Krankheiten und Reha-Phasen etwa sind bei manchen ein schicksalhafter Teil der Biografie. Die dadurch entstandenen Lücken sollten nicht ausgeblendet werden. Unerfreuliche Lebensphasen, die gemeistert wurden, können bekanntlich die Persönlichkeit festigen. Es gibt Personaler, die das durchaus so sehen, vor allem wenn sie selbst einmal davon betroffen waren.

Möglicherweise mag dieser offene Umgang mit Schwächen und Defiziten manchen zu weit gehen. Sie vermissen eine Strategie des »Sich-Verkaufens«, das clevere Selfmarketing. Natürlich sollen sich Bewerberinnen und Bewerber von der besten Seite zeigen – nämlich als offene und integre Menschen. Genau das ist die Strategie und sie hat den Vorteil, dass man sich nicht verbiegen muss. Wer Legenden aufbaut, kommt später im Vorstellungsgespräch schnell ins Schleudern und kann nur darauf hoffen, dass sein mühsam konstruiertes Bild der Wirklichkeit nicht auffliegt. Unter diesen Bedingungen gerät man schnell in eine mentale Schieflage und interpretiert jeden Blick des Interviewers als bösen Blick.

Die erfolgreiche Gratwanderung zwischen Integrität und gekonntem Marketing ist eine hohe Kunst. Was also darf der Bewerber? Es ist grundsätzlich in Ordnung, von den berühmten zwei Seiten einer Medaille die vorteilhaftere zu präsentieren. Eine Anekdote mag erhellen, was konkret gemeint ist.

> **Der Traum des Kalifen**
>
> Harun Al Raschid, der berühmte Kalif von Bagdad, hatte einmal einen schlimmen Traum. Er ließ, wie es seinerzeit im Morgenland üblich war, einen Traumdeuter an den Hof kommen, um sich die Zukunft auf Grundlage seiner nächtlichen Visionen vorhersagen zu lassen. Der angereiste Traumdeuter, dieser Unglücksrabe, hatte keine Ahnung von der Suggestibilität des Menschen und der Suggestivkraft der Sprache. Er hörte sich den Traum des Potentaten an und sagte: »Ehrwürdiger Herrscher, ich habe eine schlechte Nachricht zu überbringen. Ihr werdet alle Eure Angehörigen verlieren.« Wegen seiner üblen Nachricht wurde der Traumdeuter geköpft. Bekanntlich werden Überbringer unangenehmer Botschaften auch in unseren Tagen nicht gerade gut behandelt.
> In Bagdad wurde damals ein weiterer Traumdeuter bestellt und der wusste, dass Menschen im Gleis der Sprache denken, fühlen und handeln. Er hörte sich den Traum des Kalifen an und kam dann zu der Schlussfolgerung: »Ehrwürdiger Herrscher, ich habe eine wunderbare Nachricht zu übermitteln. Ihr werdet alle Eure Angehörigen überleben.« Der Überlieferung zufolge kam diese Nachricht gut an und der Traumdeuter wurde mit einem Sack voll Gold beschenkt.

Oftmals geht es darum, einen unerfreulichen Tatbestand in ein milderes Licht zu rücken. Hier einige Beispiele:
- Buchhalterische Akribie ist nicht gefragt, der Werdegang muss nicht auf den Monat genau belegt werden. Wer zwischen zwei Anstellungen eine Lücke von zwei Monaten hat, muss das im tabellarischen Lebenslauf nicht extra anführen und »ohne Anstellung« schreiben. Manchmal werden wechselwil-

lige Mitarbeiter, insbesondere im Vertrieb, sofort freigestellt und pausieren dann eben bis zum Start bei ihrem neuen Arbeitgeber. Das lässt sich dann im Vorstellungsgespräch erläutern.
- Eine größere zeitliche Lücke zwischen zwei Anstellungen begründen manche Bewerber mit einer bewusst geplanten Auszeit, um beispielsweise mit dem Partner endlich die erträumte Reise nach Australien zu machen. Das ist keine unanständige Idee, mancher Personaler mag gar ähnliche Träume hegen.
- Wenn sich ein Bewerber in keinem festen Anstellungsverhältnis befindet, endet der tabellarische Lebenslauf mit den Zeitangaben zur letzten Anstellung. Danach sollte auf keinen Fall die Formulierung »seit xx/yy arbeitsuchend« folgen. Das erkennt zwar der Personaler, aber es ist überflüssig, ausdrücklich darauf hinzuweisen. Bei manchen Lebensläufen springt einen auf einer Seite gleich mehrmals das Wort »arbeitsuchend« an.
- Wer nach dem Ausbildungs- oder Studienabschluss bereits eine Weile auf Jobsuche ist, verfährt sinngemäß wie ein bereits Berufstätiger. Man gibt an, wann die Ausbildung oder ein Studium begonnen und beendet wurde. Die Lücke ist selbsterklärend.
- Zwischen zwei Lebensabschnitten (Ausbildung oder Studium und Berufseintritt) darf man sich eine Auszeit nehmen, ohne der Arbeitsverweigerung oder mangelnder Eignung für die Welt der Arbeit bezichtigt zu werden. Die Lücke sollte freilich nicht zu groß sein, sonst setzt sich der Bewerber dem Verdacht aus, Schwierigkeiten bei der Jobsuche zu haben.
- Wer häufig gewechselt hat, steht auch häufig bei der Bewerbung vor einem Problem. Allerdings bleiben auch hier oft Chancen ungenutzt, die »Jobhopperei« optisch abzumildern. Heutzutage haben ja viele Mitarbeiterinnen und Mitarbeiter einen Zeitvertrag, sodass das Beschäftigungsverhältnis unfreiwillig endet. Dieser Umstand sollte gegebenenfalls in Klammern hinter der beruflichen Station im CV vermerkt werden, damit sieht die Sache schon besser aus.

1.7 Das Foto: So kommen Sie gut rüber

Zunächst ein persönliches Erlebnis aus meiner Tätigkeit als Personalberater: Ich bekam von einem Vorstand Finanz- und Rechnungswesen eines großen Unternehmens den Auftrag, einen persönlichen Assistenten zu suchen. Toller Job, lukrativer Auftrag und prima Referenz! Erschwerend war allerdings die Bedingung meines Auftraggebers, nur Kandidaten ohne Bart zu präsentieren. Leider musste ich viele gute Interessenten gleich aussortieren.

Natürlich ist diese Einstellung schräg, aber Äußerlichkeiten spielen bei der Bewertung einer Bewerbung eben eine Rolle. Es gibt Länder, die dies nicht wollen

– wie etwa die USA –, in denen sind Fotos in Bewerbungen deshalb unzulässig. In Deutschland legen alle Beteiligten – insbesondere auch die Bewerber selbst – großen Wert auf das Foto. Und da kann man als Recruiter so einiges erleben: Bewerber mit Hund oder Kind, mal lässig am Gartenzaun lehnend und mal in der Küche – offenbar bei einer Fete aufgenommen – mit leeren Flaschen im Hintergrund. Solche Schnappschüsse gehören ins Familienalbum.

Allerdings sollte mancher Bewerber auch vor den auf Bewerbungen spezialisierten Fotografen geschützt werden. Empfohlen werden gern »abgeschnittene Schädeldecken« oder vor der Brust verschränkte Arme. Manchmal wird gegen Aufpreis so lange retuschiert, dass der Personaler einen zum Vorstellungsgespräch erschienenen Kandidaten mit den Worten »Was wollen Sie denn hier?« begrüßen möchte. Der leibhaftige Mensch, der vor einem steht, hat wenig mit dem Foto zu tun, das er sich gerade noch angesehen hat.

> **Praxis-Tipp**
> - Lassen Sie sich von einem Fotografen und nicht vom Automaten am Bahnhof ablichten. Ein Starfotograf muss es nur sein, wenn Sie sich als Model bewerben.
> - Format: höchstens 6 × 4,5 Zentimeter. Viele Fotos sind zu groß (ob als Scan oder Printversion) und verderben die Proportionen des tabellarischen Lebenslaufs. Bisweilen wirken übergroße Bilder auch eitel.
> - Die Kleidung sollte zum vermuteten Dresscode der Firma beziehungsweise der Branche passen. Das knieumspielende kleine Schwarze passt so wenig zur Spedition wie eine Fliege.
> - Farbe oder Schwarzweiß? Das ist eigentlich egal. Entscheiden Sie, wie Sie sich am liebsten mögen.
> - Das Foto gehört trotz ständiger gegenteiliger Empfehlungen auf den tabellarischen Lebenslauf – und zwar oben rechts.
> - Und wie bereits gesagt: Wenn Sie bei Ihrem Vorstellungstermin nicht erkannt werden, haben Sie mit Ihrem Foto etwas falsch gemacht.

1.8 »Seite drei« oder: Was Sie noch über mich wissen sollten

Über die sogenannte Seite drei wird seit Jahren gestritten. Die Bewerbungsberater und Karriereseiten der Tageszeitungen sind voll des Lobes, die in den Niederungen des Tagesgeschäfts tätigen Personalbeschaffer vergeuden ihre Zeit nicht mit dem Lesen derartiger Elaborate. Im Zweifelsfall tun einem die Bewerber leid, die hier das hohe Lied über sich selbst singen sollen. Wer Hunderte solcher Berichte über die eigene Vorzüglichkeit von Bewerbern gelesen hat, weiß, dass diese mit der Wirklichkeit nichts zu tun haben.

Bereits eine Formulierung wie »Was Sie noch über mich wissen sollten« ist eine Zumutung. Im belehrenden Ton wird dann die eigene kommunikative Kompetenz gerühmt, obwohl die Überschrift einen eklatanten Mangel an Empathie verrät. Die Herausforderung besteht doch gerade darin, den Personaler mit einem einseitigen Anschreiben und einem optisch gefälligen CV zur Einladung zum Vorstellungsgespräch zu animieren. Wer das nicht kann, setzt seine trügerische Hoffnung auf die Seite drei.

1.9 Dokumentieren, was sinnvoll ist

Kein Personaler hat Zeit und Lust, sich durch nicht enden wollende Anhänge zu scrollen, das wurde bereits in Kapitel 1.3 erwähnt. Die angefügten Zeugnisse und Zertifikate zeigen, ob jemand priorisieren kann, also das Wichtige vom Unwichtigen unterscheiden. Die folgenden Tipps zum Anhang der schriftlichen Bewerbung helfen dabei:

> **Tipps**
> - Nach dem CV kommt das aktuelle Zertifikat, zum Beispiel das letzte Arbeits- oder Examenszeugnis.
> - Es folgen die Abschlusszeugnisse nach Wertigkeit (zum Beispiel Studium vor Ausbildungszeugnis, Ausbildungszeugnis vor dem Schulabgangszeugnis).
> - Arbeitgeberzeugnisse müssen vollständig sein.
> - Bewerber mit Berufserfahrung lassen Schulzeugnisse weg.
> - Berufseinsteiger sollten Zeugnisse über Praktika und/oder Werkstudententätigkeiten anfügen, sofern es sich um qualifizierte Zeugnisse handelt. Bescheinigungen weglassen.
> - Nebentätigkeiten, die während des Studiums dem Gelderwerb dienten, müssen nicht schriftlich nachgewiesen werden.
> - Mit zunehmendem Berufsalter sollten die Unterlagen »ausgelichtet« werden. Schulzeugnisse und Praktikumsbescheinigungen fliegen zuallererst raus. Zeugnisse über Ausbildungen (IHK), Fortbildungen und abgeschlossene Studien sind bleibender Bestandteil einer Bewerbung.
> - Mit bezahlten Gutachten über die eigene vortreffliche Persönlichkeit macht man sich lächerlich.
> - Absolut daneben ist eine Bescheinigung über die Teilnahme an einem Bewerberseminar. Es lohnt sich vielleicht, diese an das Finanzamt weiterzureichen, aber niemals an einen potenziell neuen Arbeitgeber.

1.9.1 Verdächtige Zwischenzeugnisse

Nicht wenige Bewerber verderben sich die Chance, zu einem Vorstellungsgespräch eingeladen zu werden, durch ein hervorragendes Zwischenzeugnis. Wie kann das sein? In manchen Zwischenzeugnissen werden Leistungen und das Verhalten eines Mitarbeiters bewertet, der in »trocknen Tüchern« ist. Die entscheidende Frage für den suchenden Personaler heißt, warum das Zeugnis überhaupt ausgestellt wurde. Und wenn dann im Abspann zu lesen ist: »Dieses Zwischenzeugnis wurde auf Wunsch von Herrn X ausgestellt«, stimmt dies äußerst nachdenklich. Warum, fragt sich der Personaler, kommuniziert ein Mitarbeiter seinem Arbeitgeber auf diese Art und Weise seinen Abwanderungswunsch? Die Sache mit dem Anschlussjob kann sich ja noch eine Weile hinziehen und in der Zeit gilt man im Betrieb als jemand, der auf dem Sprung ist und damit sicher nicht mehr an die Grenzen seiner Leistungsfähigkeit gehen wird. Vom Commitment, also der erwünschten emotionalen Bindung an das Unternehmen, kann nicht mehr ausgegangen werden. Und was ist, wenn sich der Veränderungswunsch gar nicht realisieren lässt? Man fristet das kümmerliche Dasein des »innerlich Gekündigten«.

Manche Zwischenzeugnisse haben überdies eine »Weglob-Funktion«. Der Arbeitsplatz steht auf der Kippe und eine Abfindung im Raum und so ist denn das Unternehmen dem Betroffenen gern dabei behilflich, woanders unterzukommen – mithilfe eines unwiderstehlichen Zwischenzeugnisses. Ein guter Personaler hat dafür eine Witterung.

> **Achtung**
> Dass man das derzeitige Unternehmen schleunigst verlassen möchte, reicht nicht, um ein Zwischenzeugnis anzufordern. Es gibt dafür aber auch durchaus passende Anlässe, im Einzelfall sollte unbedingt ein nachvollziehbarer Grund genannt werden:
> - Der Vorgesetzte wechselt.
> - Das Unternehmen fusioniert.
> - Die Rechtsform des Unternehmens ändert sich oder es wird umstrukturiert.
> - Das persönliche Aufgabenfeld ändert sich.
> - Es ist ein Auslandseinsatz vorgesehen.
> - Man ist befördert worden.
> - Das Unternehmen befindet sich im Insolvenzverfahren.

1.9.2 Was tun, wenn ein Zeugnis fehlt?

Nicht wenige Bewerber können über das eine oder andere Anstellungsverhältnis kein Zeugnis vorlegen. Was sind die häufigsten Gründe dafür und wie erklärt man sich diesbezüglich im Vorstellungsgespräch?

> **Praxis-Tipp**
>
> Wenn ein Arbeitszeugnis fehlt, ist es ratsam, die Flucht nach vorn anzutreten und zu sagen, was Sache ist. Die häufigsten Gründe:
> - Die betreffende Person ist im Streit gegangen und hat sich als Arbeitnehmer nicht weiter um ein Zeugnis gekümmert.
> - Sie hat einen neuen Job gefunden und die Sache mit dem Zeugnis gar nicht mehr verfolgt.
> - Sie hat keine Zeit und Lust, das Recht auf ein Arbeitszeugnis vor Gericht einzuklagen.
> - Der direkte Vorgesetzte oder gar die ganze Firma ist durch Insolvenz abhandengekommen.
> - Das Arbeitszeugnis enthält Formulierungen, deren Botschaften einem erst viel später bewusst geworden sind.

Wer bei einem bekannten Unternehmen tätig war und kein Zeugnis vorlegen kann, sieht nicht gut aus. Die Ausrede, man habe das nicht für so wichtig gehalten, bezeugt Verantwortungslosigkeit gegenüber der eigenen Person. Auch der Hinweis, die meisten Zeugnisse würden ja sowieso vom Arbeitnehmer selbst formuliert und seien damit nicht aussagekräftig, ist wenig hilfreich.

1.10 Die zeitgemäße Online-Bewerbung

Die Möglichkeit, Informationen per E-Mail weiterzugeben, ist eine wunderbare Sache. Viele Bewerber unterliegen allerdings dem Missverständnis, dass Online-Bewerbungen weniger Sorgfalt benötigen. Man kennt das ja von E-Mails, die bisweilen recht lässig abgefasst werden. Daher hier einige Tipps zu Online-Bewerbungen.

> **Praxis-Tipp**
>
> - Behandeln Sie eine Online-Bewerbung wie eine klassische schriftliche Bewerbung. Wer zu lässig formuliert, ist schnell wieder offline.
> - Packen Sie alle Informationen – mit dem Anschreiben geht es los – in eine Datei und geben Sie dieser einen sinnvollen Namen. Kein Personaler hat Lust, diverse Attachments zu öffnen.
> - Bitte die Auflösung beim Scannen von Fotos und Zertifikaten nicht zu hoch wählen (Dateigröße!), aber auch nicht zu pixelig. Mit 200 dpi sieht das Ganze meist schon recht gut aus.
> - Geben Sie in das E-Mail-Fenster einen nachvollziehbaren »Betreff« ein und schreiben Sie noch einmal in Prosa kurz, worum es geht.
> - Bitte quälen Sie Ihre Adressaten nicht mit überflüssigen Deckblättern und Listen über die Anhänge.

- Verschicken Sie sicherheitshalber keine E-Mails, die größer als 5 MB sind. Im Zweifelsfall entfernen Sie die Farbe aus Ihren Unterlagen.
- Versenden Sie Ihre Bewerbung nicht an eine E-Mail-Sammeladresse (»info@«). Sie verschwindet oft im Datennirwana.
- Überprüfen Sie einmal selbstkritisch Ihre E-Mail-Adresse. »schluckspecht@« oder »dustin_superstar« kommt nicht so gut an.
- Wenn auf ein Online-Bewerbungssystem oder Bewerbungsportal verwiesen wird, dann benutzen Sie dies natürlich.

1.11 Social Media als E-Recruiting-Instrument

Während früher die klassische Kandidatenidentifikation und -ansprache mittels Stellenanzeigen in den Printmedien und per Direktansprache (»Headhunting«) erfolgte, spielen heute die durch das Internet ermöglichten Personalbeschaffungsinstrumente eine immer größere Rolle. Insbesondere Personalberatungsfirmen haben das E-Recruiting als externen Beschaffungskanal im Personalbeschaffungsprozess erkannt. Vor allem interessant sind hier die Business-Netzwerke Xing und LinkedIn, da sie im Vergleich zu Facebook speziell auf das Networking auf Businessebene ausgelegt sind.

1.11.1 »Xing«: Was die Visitenkarte im Netz bringt

Xing wurde 2003 als Open Business Club gegründet und bietet seinen Mitgliedern das Vernetzen mit Geschäftspartnern und Kollegen aus anderen Unternehmen. Hier können Interessenten beispielsweise über eine bestimmte Firma unternehmensspezifische Informationen einholen, die woanders nicht zu finden sind. Für die Personalberatungsbranche bietet Xing die Kombination anzeigengestützter Personalsuche mit der Web-2.0-Funktionalität. Berater können in diesem Sinne diverse Dialogmöglichkeiten nutzen, um mit potenziellen Kandidaten Kontakt aufzunehmen.

Insbesondere Headhunter nutzen gern Gruppen, die sich bei Xing zu bestimmten Themen virtuell zusammenfinden. Auf der Homepage von Xing heißt es dazu: »Gruppen auf Xing sind Gemeinschaften von Gleichgesinnten. Das können Menschen sein, die in derselben Branche oder im selben Berufsfeld arbeiten und sich fachlich austauschen möchten ...« (www.xing.com). Hier können Recruiter gezielt und ohne Streuverluste Fachleute mit spezifischer Expertise identifizieren und ansprechen. Unter den weit mehr als 60.000 Gruppen gibt es beispielsweise auch eine, die sich mit dem Thema »Bewerbung und Recruiting« befasst.

1.11.2 LinkedIn: unterwegs im globalen Dorf

Das amerikanische Pendant von Xing wurde ebenfalls im Jahr 2003 mit vergleichbarem Funktionsumfang gegründet, hat aber weltweit mehr Nutzer. LinkedIn bietet seinen Mitgliedern eine höhere Anonymität, das heißt, ohne vorherige Kontaktaufnahme können die Profile anderer Mitglieder nicht angesehen werden. Wenn gar keine Verbindung durch Kontakte des eigenen Netzwerks besteht, werden bei der Suche nach Mitgliedern teilweise nur der Vorname und der Anfangsbuchstabe des Nachnamens oder die Angabe »LinkedIn-Mitglied« angezeigt. Allerdings sind sowohl der Arbeitgeber als auch die derzeitige Position einsehbar. Personalberater versuchen deshalb, ihr Netzwerk dementsprechend auszubauen, um Kandidaten ansprechen zu können.

Auch bei LinkedIn werden Stellenangebote veröffentlicht und passenden Mitgliedern über die Funktion »Stellen, die Sie vielleicht interessieren« vorgestellt.

> **Fazit**
> Social Media, aber auch Onlinekandidatenbörsen und Onlinejobbörsen sind aufgrund ihrer großen Reichweite effiziente Wege, um als Fach- und Führungskraft gesucht und gefunden zu werden.

1.11.3 Als Bewerber den Knappheitsgrundsatz beachten

Das »Humankapital« ist Deutschlands wichtigste Ressource und immer schwerer zu beschaffen. Längst gibt es – nicht nur bei uns – einen »War for talents«. Die gefragten High Potentials sind nicht en passant zu finden und bieten sich vor allem nicht ständig an. Was für den Markt von Gütern und Dienstleistungen gilt, gilt eben auch für den Markt für Fach- und Führungskräfte: Wertigkeit und Knappheit korrelieren miteinander.

Manche Social Media sind in den letzten Jahren (auch) eine Bühne von Blendern und Selbstdarstellern geworden (»Ich habe 1.845 Kontakte!«). Mein Haus, mein Auto, meine Yacht!

> **Achtung**
> Selbstverständlich ist es immer gut, zur rechten Zeit am richtigen Ort zu sein. Das gilt sowohl für das Privat- als auch für das Berufsleben. Allerdings ist es gar nicht hilfreich, die Sache zu überdrehen. Man kennt die karrierebewussten Kollegen, die keine offizielle oder inoffizielle Fete auslassen, um in eigener Sache PR zu machen.

1.12 Wenn Personaler googeln: Was das Netz behält und vom »Recht auf Vergessenwerden«

Natürlich nutzen Unternehmen inzwischen neben den Bewerbungsunterlagen das Internet, um zusätzliche Informationen über einen Jobaspiranten zu erhalten. Und immer öfter werden sie auf den unzähligen Websites sowie in den Foren und Communitys fündig. Wer als Personalbeschaffer im Netz einschlägig recherchiert, erhält bisweilen auch weniger schmeichelhafte Auskünfte, weil die Nutzer vergessen, dass sie – obwohl allein vor dem Bildschirm – einem mehr oder weniger großen Publikum etwas über ihre Persönlichkeit verraten. Bei manchen Einlassungen kann man durchaus den Eindruck gewinnen, dass da jemand offenbar erst nach Mitternacht und einer Flasche Rotwein sein Profil in den sozialen Netzwerken aktualisiert oder sonstige frivole Spuren hinterlassen hat.

Es ist noch gar nicht lange her, da galt der unverrückbare Grundsatz »Das Netz vergisst nichts!« Einmal mit einem Inhalt blamiert – für alle Zeiten blamiert. Das hat sich geändert. Im Mai 2014 hat der Europäische Gerichtshof Google dazu verpflichtet, auf Antrag einer Privatperson Treffer aus den Ergebnislisten zu entfernen, die bekanntlich erscheinen, wenn beispielsweise Recruiter Namen bestimmter Personen eingeben. Doch was muss entfernt werden? Links auf Inhalte (Text und Bilder),
- die falsch,
- nicht mehr aktuell oder
- für die Öffentlichkeit irrelevant sind.

Also alles einfach und wunderbar? Keineswegs, denn Google – Marktanteil bei der Internetsuche in Deutschland 95 Prozent – muss nun in jedem Einzelfall zwischen Datenschutz und öffentlichem Informationsinteresse abwägen. Und da sich die Inhalte auf den Websites Dritter befinden, geht es allemal nur darum, ob Google auf diese weiterhin verweisen darf – die Inhalte selbst bleiben. Die Chancen darauf, dass ein Link bei Google tatsächlich entfernt wird, sind am größten, wenn
- der Antragsteller keine oder nur eine geringe Rolle im öffentlichen Leben spielt,
- die verbreiteten Informationen sensibel sind, zum Beispiel den Intimbereich betreffen, und
- weit in der Vergangenheit liegen.

Wer Inhalte aus dem Netz löschen will, muss wissen, aus welcher Quelle Google die Inhalte holt. Diese müssen zuerst dort entsprechend gelöscht werden. Dabei ist zu unterscheiden, ob die betreffende Person selbst Inhaber der entsprechenden Quelle ist oder eben nicht. Eine gute Auskunft für das weitere Vorgehen findet sich unter https://support.google.com/webmasters/answer/6332384?hl=de

> **Hinweis**
> Bei Google ist in Dublin ein ganzes Team von Prüfern damit beschäftigt, Suchergebnisse zu entfernen. Bis Anfang 2016 gingen laut Googles »Transparenzbericht« fast 400.000 Anträge ein, etwa 66.000 kamen aus Deutschland. Die Erfolgsquote ist nicht schlecht: Gut die Hälfte der beanstandeten Links werden aus den Suchergebnissen entfernt.

1.13 Worauf es bei einer Initiativbewerbung ankommt

Dieser Grundsatz wurde bereits an anderer Stelle erwähnt: Wir fühlen, denken und handeln im Gleis der Sprache. Wenn jemand »Blindbewerbungen« schreibt, kommt meist auch das Entsprechende dabei heraus – nämlich gar nichts. Eine Initiativbewerbung zeichnet sich dadurch aus, dass der Bewerber proaktiv und überlegt die Initiative bei der Jobsuche ergreift, also nicht auf ein Angebot reagiert. Eine systematische Herangehensweise ist dabei empfehlenswert, am besten geeignet ist eine Tabelle, um die Übersicht zu behalten:

- Spalte 1: Tragen Sie hier die Unternehmen ein, die zu Ihrem Profil gut passen könnten. Wenn Sie beispielsweise Polnisch sprechen und noch über die einschlägige interkulturelle Kompetenz verfügen, konzentrieren Sie sich auf Firmen, die einen besonders regen Handel mit Polen und Osteuropa betreiben oder dort Niederlassungen unterhalten. Wer ein längeres Praktikum in der Automobilwirtschaft absolviert hat, kann sich auf die Automobilzulieferer konzentrieren. Eine Expertise, die nicht jeder Mitbewerber vorzuweisen hat, eignet sich grundsätzlich für Initiativbewerbungen.
- Spalte 2: Notieren Sie hier die passenden Ansprechpartner. Sie brauchen Namen, wenn Sie Ihre Initiativbewerbung nicht direkt an die »runde Ablage« versenden wollen. Rufen Sie bei der Firmenzentrale an und fragen Sie, wer für Personal zuständig ist, schauen Sie auf der Homepage nach und sammeln Sie Namen in den Stellenmärkten der Tageszeitungen und Jobportale. Auch wenn es sich um ein Angebot handelt, das für Sie nicht infrage kommt, kann der genannte Ansprechpartner wichtig sein. Ein vielleicht nicht direkt passender Adressat einer Initiativbewerbung weiß, auf wessen Schreibtisch im Unternehmen die Unterlagen gehören.
- Spalte 3: Für Ihre Initiativbewerbung brauchen Sie einen Aufhänger. Beispiel: »Wie ich den ›Bamburger Nachrichten‹ entnommen habe, eröffnen Sie Ende des Jahres eine Niederlassung in Dingenskirchen. Dies nehme ich zum Anlass, mich Ihnen als ausgebildete/r ... kurz vorzustellen ...« Oder: »Ihrer Homepage ist zu entnehmen, dass Sie sich besonders erfolgreich auf dem Gebiet

der therapeutischen Antikörper engagieren. Dies nehme ich als Diplom-Biologe mit Schwerpunkt ... gern zum Anlass, mich Ihnen kurz vorzustellen.« Zeigen Sie, dass Sie gezielt suchen und mit offenen Augen durch die Welt laufen.

Es ist wichtig, im Anschreiben präzise auf den Punkt zu kommen. Erwähnen Sie, was Sie für das Unternehmen interessant machen könnte – nichts anderes. Auf keinen Fall sollte mit einem beabsichtigten Telefonat gedroht werden. Nur meist empathiefreie Zeitdiebe stören Personaler durch ungebetene Anrufe bei der Arbeit. Hinzu kommt der tabellarische Lebenslauf (maximal zwei Seiten) mit einem gescannten Foto. Dann ist nur noch ein Briefumschlag mit Fenster in DIN A6 und eine Briefmarke von zurzeit 70 Cent (bis 20 Gramm) nötig. Initiativbewerber verschicken bitte keine Mappen. Was soll das Unternehmen mit den nicht angeforderten Unterlagen tun?

Wenn das Profil des Absenders passt und eine Vakanz vorhanden ist, folgt die Aufforderung, die kompletten Unterlagen per E-Mail zu schicken oder vielleicht gleich zu einem Gespräch mitzubringen. Ansonsten hat sich die Sache ohne größeren Aufwand für alle Beteiligten erledigt. Das beweist nebenbei einen vernünftigen Umgang mit Ressourcen.

Warum ist es vorteilhafter, Initiativbewerbungen per Post auf den Weg zu bringen? Ganz einfach: Eine E-Mail ist in Bruchteilen von Sekunden je nach Laune weggeklickt – ein Brief, der einem vom Sekretariat vorgelegt wurde, hat mehr Chancen, beachtet zu werden.

2 Tipps und Tricks für einen gelungenen Auftritt im Vorstellungsinterview

»Jeder Mensch gilt in der Welt nur so viel, als er sich selbst geltend macht.« Dieser Befund von Adolph Freiherr von Knigge trifft auch für das Vorstellungsgespräch zu. Heute sagt man zeitgemäßer, dass Klappern zum Geschäft gehört. Wer eine Bewerbung verfasst, sollte sich deshalb mit der Frage beschäftigen, welche Faktoren die persönliche Außenwirkung im Interview vorteilhaft bestimmen.

Bei dieser Gelegenheit sei nochmals daran erinnert, dass es bei einer Bewerbungsaktion nicht ganz so zugeht wie im wirklichen Leben. Kein Personaler wird am Ende eines verkorksten Interviews sagen, dass Sie wohl heute nicht gut drauf seien und fragen, ob Sie nicht bei anderer Gelegenheit wieder vorbeischauen möchten. Im wirklichen Leben – so heißt es doch – dürfe man ruhig Fehler machen, denn aus ihnen lässt sich lernen. Aber auch dies stimmt nicht immer. Wenn ein Fahrdienstleiter zwei Zügen aus entgegengesetzter Richtung die Einfahrt in eine eingleisige Bahnstrecke erlaubt, wird er aus diesem Fehler nichts lernen können, sondern seinen Job verlieren. Und im Vorstellungsgespräch erhält man den angestrebten Job aufgrund eines missglückten Auftretens gar nicht erst.

2.1 So stimmen Sie sich mental ein

Ein selbstsicherer und überzeugender Auftritt lässt sich nicht so nebenbei erlernen. Besonders die im Bewerbungsgeschäft noch ungeübten Nachwuchskräfte tun sich bisweilen vor Ort recht schwer. Aber jeder kann sich auf ein Vorstellungsgespräch intelligent vorbereiten. Damit ist nicht nur gemeint, sich vorab über das Unternehmen und sein Umfeld gründlich zu informieren, sondern auch, sich mental richtig einzustellen. Die erfolgreiche Zukunft beginnt im Kopf. Der legendäre Wimbledon-Sieger Boris Becker hat dazu einmal etwas Richtiges gesagt: Wenn man erfolgreich sein wolle, müsse man mental gut drauf sein. Was für sportliche Höchstleistungen gilt, gilt auch für ein überzeugendes Vorstellungsgespräch – man muss psychisch gut drauf sein, um in einer Bewährungssituation sein Niveau halten oder gar über sich hinauswachsen zu können.

> **Tipps**
>
> - Verbringen Sie den Abend vor Ihrem Termin nicht allein, sondern am besten mit Freunden oder jemand anderem, der Ihnen am Herzen liegt. Sprechen Sie offen über Ihre eventuellen Befürchtungen und über Ihre Hoffnungen. Natürlich machen Sie nicht die ganze Nacht durch, aber seelischer Rückenwind tut immer gut. Das gilt vorrangig für Berufseinsteiger.

- Planen Sie so viel Zeit für die Anreise ein, dass Sie keine Angst haben müssen, zu spät zu Ihrem Termin zu kommen. Eine zu knappe Zeitplanung strapaziert nur unnötig die Nerven. Faustregel: Nehmen Sie einen Zug, der so früh fährt, dass Sie im Notfall auch mit dem späteren pünktlich am Zielort wären. Im Übrigen darf angenommen werden, dass manchmal ein Engagement scheitert, weil der Bewerber keinen Parkplatz gefunden hat.
- Gehen Sie in jedes Gespräch mit der Option, dass Sie zu einem eventuellen Angebot auch Nein sagen können. Das mag sich für Bewerber, die in Not sind, zynisch anhören, ist aber eine wichtige Voraussetzung für ein gelungenes Gespräch. Personalexperten wünschen sich keine Bewerber, die unbedingt einen Job haben möchten und gar darum kämpfen. Stattdessen wünschen sie sich Interessenten, mit denen sie gemeinsam kritisch prüfen können, ob die zu vergebende Aufgabe passen könnte. Das ist die beste Gewähr gegen Fehlentscheidungen – und zwar für beide Seiten.
- Und nicht zu vergessen: Sie wurden zum Gespräch eingeladen, weil sich Ihr Profil in Hinblick auf die zu vergebende Aufgabe sehen lassen kann. Wer eine Einladung zum Vorstellungsgespräch erhalten hat, hat ein Kompliment bekommen. Das sollten Sie sich vorab noch einmal vergegenwärtigen, es tut der Seele gut.
- Der Arbeitgebermarkt wurde einstweilen von einem Arbeitnehmermarkt abgelöst. Unternehmen investieren deshalb erhebliche Mittel, um sich als attraktive Arbeitgebermarke zu profilieren. Employer-Branding steht hoch im Kurs.
- Nicht nur die Medien haben den »War for talents« ausgerufen, der unter anderem mit dem demografischen Wandel begründet wird. Das ist gut für den selbstbewussten Auftritt als Bewerber, ändert aber nichts an dem Umstand, dass der Bessere der Feind des Guten ist. Besonders attraktive und gut dotierte Jobs werden immer hart umkämpft sein.
- Auch wenn der potenzielle zukünftige Arbeitgeber diesem Sachzwang der »Verknappung« im Bewerbermarkt ausgeliefert ist, wird er dem arrogant auftretenden Bewerber die rote Karte zeigen.

Und noch etwas, was viele Bewerber nicht bedenken: Das Vorstellungsinterview ist ein psychodiagnostischer Prozess, bei dem es um die Persönlichkeit eines Kandidaten geht. Da soll jemand durchleuchtet und durchschaut werden – »Erzählen Sie mal etwas über Ihre Schwächen!« – und nicht wenige fühlen sich dementsprechend als Objekt des Geschehens. Nein, lassen Sie das nicht zu. Drehen Sie den Spieß um und betreiben Sie ebenfalls Psychodiagnostik. Was für ein Typ ist das Gegenüber? Das bringt Sie psychologisch in eine Position der Stärke und schützt gegebenenfalls vor einer Fehlentscheidung. Möglicherweise warnt Ihr Bauch vor einer Zusammenarbeit, weil die Chemie offenbar nicht stimmt.

Hier ist Einfühlungsvermögen gefragt, aber das gilt ja für die meisten Aufgaben im Berufsleben. In der Psychologie spricht man von kognitiver Empathie und meint damit die Fähigkeit, mit dem Kopf des Interviewpartners zu denken. Was will er wohl herausbekommen? Worauf zielen seine Fragen ab?

2.1.1 Die »Big Five«

Mit den »Big Five« sind fünf fundamentale Persönlichkeitsfaktoren gemeint, die in erheblichem Maß den Berufserfolg bestimmen. Sie gelten als wissenschaftlich abgesichert und werden entweder über psychologische Testverfahren ermittelt oder sind – natürlich indirekt – Gegenstand von Vorstellungsinterviews. Für einen Bewerber ist es natürlich von Vorteil, zu wissen, worauf manche Fragen abzielen. Hier sind die »Big Five« (Quelle: Peter Borkenau, Fritz Ostendorf: NEO-Fünf-Faktoren-Inventar (NEO-FFI) nach Costa und McCrae, Göttingen 1993, Seite 5–10, 27–28):

Neurotizismus
Dieser Faktor bezieht sich auf die emotionale Instabilität beziehungsweise Stabilität einer Person. Menschen mit einer hohen Ausprägung in Neurotizismus erleben häufiger Angst, Nervosität, Anspannung, Trauer, Unsicherheit und Verlegenheit. Zudem bleiben diese Empfindungen bei ihnen länger bestehen und werden leichter ausgelöst. Personen mit niedrigen Neurotizismuswerten sind eher ruhig, zufrieden, stabil, entspannt und sicher. Sie erleben seltener negative Gefühle. Dabei sind niedrige Werte nicht zwangsläufig mit dem Erleben positiver Emotionen verbunden.

Introversion/Extraversion
Bei diesem Faktor geht es um das zwischenmenschliche Verhalten, die Einstellung des Ich zum Du. Personen mit hohen Extraversionswerten sind gesellig, aktiv, gesprächig, personenorientiert, optimistisch und eher heiter. Zudem gelten sie als empfänglich für Anregungen und Aufregungen. Introvertierte Personen sind zurückhaltend bei sozialen Interaktionen, arbeiten gerne allein und unabhängig. Sie können auch sehr aktiv sein, aber weniger in Gesellschaft.

Offenheit
Menschen unterscheiden sich in ihrem Interesse und dem Ausmaß der Beschäftigung mit neuen Erfahrungen und Eindrücken. Personen mit hohen Offenheitswerten sind eher wissbegierig, phantasievoll und experimentierfreudig. Sie tendieren eher dazu, bestehende Regeln kritisch zu hinterfragen und probieren gern etwas Neues aus. Personen mit niedrigen Offenheitswerten neigen demgegenüber eher zu konventionellem Verhalten und zu konservativen Einstellungen. Sie ziehen Bekanntes und Bewährtes dem Neuen vor. Bewahren statt verändern! Die Folge: Sie stehen Veränderungsprozessen eher abwartend bis skeptisch gegenüber.

Verträglichkeit
Bei diesem Faktor geht es wie bei dem Merkmal Extraversion um interpersonelles Verhalten. Personen mit hohen Verträglichkeitswerten schenken anderen Vertrauen und Wohlwollen, glauben eher an das Gute im Menschen und verhalten sich kooperativ. Personen mit niedrigen Verträglichkeitswerten beschreiben sich dagegen als antagonistisch und misstrauisch. Sie verhalten sich eher wettbewerbsorientiert und suchen die Auseinandersetzung. Diese Haltung scheint sozial unerwünschter zu sein. Dabei darf aber nicht vergessen werden, dass die Fähigkeit, für die eigenen Interessen zu kämpfen, manchmal sehr hilfreich sein kann.

Gewissenhaftigkeit
Der fünfte Faktor der »Big Five« lässt sich auffächern in die Untermerkmale Selbstkontrolle, Genauigkeit und Zielstrebigkeit. Personen mit hohen Gewissenhaftigkeitswerten handeln organisiert, zuverlässig und verantwortlich. Sie machen Pläne und führen sie auch durch. Personen mit niedrigen Gewissenhaftigkeitswerten zeigen einen Mangel an Sorgfalt und handeln spontan und planlos.

2.1.2 Angst kommt von Enge

Nun ist man also mental gut eingestimmt und weiß, was der Interviewer herausbekommen möchte. Dennoch ist die Aufregung groß. Was hat es mit der Angst auf sich? Hier kann die Sprache eine hilfreiche Auskunft geben: Das Wort »Angst« leitet sich vom lateinischen Wort »angustie« ab, was so viel bedeutet wie »Enge«. Dies führt auf eine interessante Spur: Wer sich beengt fühlt, hat keine Handlungsfreiheit und bleibt damit unter seinen Möglichkeiten. Angst stört und lähmt physiologische, hormonelle und vor allem intellektuelle Prozesse. In diesem Sinne wirkt Angst leistungshemmend und verdirbt Bewerbern bisweilen die Chancen auf einen neuen Job. Nach dem Vorstellungsinterview oder einer Prüfung fallen einem oft die tollen Sachen ein, die man hätte sagen können.

Zurück zu Aufregung und Angst. Manche Bewerber reichen einem bei der Begrüßung die Hand wie einen nassen Lappen. Wenn es um eine Aufgabe geht, die Belastbarkeit und Stressresistenz erfordert, macht das keinen guten Eindruck. Doch was hilft gegen feuchte Hände und Herzklopfen?
- Nicht auf den letzten Drücker anreisen. Zeitnot wirkt schweißtreibend.
- Vor dem Gespräch keinen Kaffee trinken. Das können Sie während des Interviews tun.
- Beim Warten nicht die Hände herunterhängen lassen. Bei manchen Menschen bewirkt dies ein Anschwellen der Finger zu »Wurstfingern«.

- Ein positiver Effekt lässt sich erzielen, wenn Sie auf der Toilette kaltes Wasser über den rechten Unterarm laufen lassen. Das tut auch der Grußhand gut.
- Aufkommende Angstgefühle akzeptieren und nicht bekämpfen! Das entkrampft.

2.2 Augen und Ohren offen halten

Unser Verhalten wird durch Informationen gesteuert. Wenn diese falsch, lückenhaft oder einseitig sind, können wir in der Auseinandersetzung mit der Umwelt nicht erfolgreich sein. Wahrnehmung ist die Grundlage unseres Handelns. Und so lautet denn ein Grundsatz des Scheiterns: falsche Wahrnehmung – falsches Verhalten! Wer die nonverbalen Signale des Interviewpartners nicht mitbekommt, man möge sich doch bitte kurzfassen, strapaziert auf unvorteilhafte Art und Weise dessen Geduld oder wird hart ausgebremst.

> **Hinweis**
> Die Menschheit lässt sich in zwei Hälften einteilen. Die einen fühlen sich in sozialen Situationen immer beobachtet, die anderen treten grundsätzlich als Beobachter auf. Da unser Verhalten durch das gesteuert wird, was wir sehen und hören, sind jene natürlich schlecht dran, die wenig oder nichts mitbekommen. Und das ist es eben: Beobachter treten sozial kompetenter auf. Sie sind meist gute Zuhörer, können sich auf ihre jeweiligen Gesprächspartner besser einstellen, finden Aufhänger für Gespräche und sehen beizeiten, wo die Fettnäpfchen stehen.

Was sollten Bewerber mitbekommen? Es gibt immer wieder Details, die sich für einen gewinnenden Auftritt nutzen lassen. Trainieren Sie sich darin, auch scheinbar kleine Dinge wahrzunehmen, um sie später im Gespräch anbringen zu können. Hier einige Beispiele:
- Residiert das Unternehmen in einem historischen Gebäude? Ein großes deutsches Verlagshaus hat beispielsweise die Abteilung Personalentwicklung in einer Villa aus dem Jahr 1904 untergebracht, die Jahreszahl ist über dem Eingangsportal eingemeißelt. Auf diesen Umstand kann man gleich bei der Begrüßung eingehen und hat damit einen guten Aufhänger für das »Warming-up«.
- Ist die Architektur des Firmensitzes interessant? In Braunschweig befindet sich eine Druckerei und Repro-Anstalt in einem Gebäude, das im Bauhausstil errichtet wurde. Man ist dort stolz darauf und deshalb kommt es gut an, wenn ein Bewerber dies bemerkt. Da der Betrieb bereits auf seiner Homepage darauf hinweist, kann es nicht schaden, sich mit der Bauhausbewegung in Dessau und Weimar vorab ein wenig zu beschäftigen. Dem Geschäftsführer würden derartige Kenntnisse Freude machen, denn sie zeigen, dass sich ein Bewerber mit dem potenziellen zukünftigen Arbeitgeber beschäftigt hat.

- Welche Bilder hängen im Foyer und in den Fluren? Gibt es eine »Ahnengalerie« aus der Pionierzeit des Unternehmens? Unbedingt anschauen und wichtige Namen merken. Wenn das Gespräch auf die Firmengeschichte kommt, können Sie sich unter Hinweis auf die Bilder als wacher Beobachter zeigen.
- Gibt es ein für Besucher zugängliches schwarzes Brett oder einen Info-Kasten? Hier sind häufig interessante Fakten zu finden, zum Beispiel zur positiven Entwicklung bei der Zahl der Verbesserungsvorschläge oder zum Rückgang der Betriebsunfälle.
- Sind Unternehmensgrundsätze oder Standards zum Umgang mit Kunden ausgehängt? Wenn es im Gespräch um die Themen Führung und Zusammenarbeit oder Kundenorientierung geht, kann sich ein wacher Bewerber darauf beziehen. Nicht selten finden Sie das Unternehmensleitbild auf der Homepage. Sie müssen es nicht auswendig lernen, aber es kann sinnvoll sein, sich ein oder zwei besonders interessante Aussagen zu merken.
- Sind Produkte im Empfangsbereich ausgestellt? Gehen Sie davon aus, dass ein Werkstück nicht ohne Stolz vorgezeigt wird. Mal handelt es sich um technologische Innovationen, mal um Arbeiten, die Auszubildende angefertigt haben. Sie bieten sich als gute Aufhänger für das anstehende Vorstellungsgespräch an.
- Bei größeren Unternehmen liegt oft die Mitarbeiterzeitung offen aus. Unbedingt vor dem Gespräch hineinschauen! Da lesen Sie beispielsweise, dass das Unternehmen die ortsansässige Handballmannschaft sponsert oder gerade ein »Tag der offenen Tür« stattgefunden hat.
- Wie ist das Büro des Gastgebers eingerichtet? Zweckmäßig oder gediegen? Futuristisch oder im Retro-Look? Gibt es Hinweise auf Liebhabereien oder eine bestimmte Kunstrichtung? Sind auf dem Schreibtisch des Personalers seine Lieben versammelt? Hängen Kinderzeichnungen an der Wand? Ein guter Beobachter kann sich einen ersten Eindruck von der Persönlichkeit seines Gesprächspartners verschaffen.
- Achten Sie auf die Kleidung Ihres/Ihrer Gesprächspartner! Ist das Jackett bei der Begrüßung geschlossen? Dann haben Sie es offenbar mit jemandem zu tun, der besonders auf Stil achtet. Tun Sie dies auch. Sie sind overdressed? Bringen Sie bei Gelegenheit das Gespräch auf diesen Umstand. Etwa: »Ich vermute, dass in Ihrem Unternehmen Förmlichkeiten und Etikette keine große Rolle spielen.« Oder: »Ich habe den Eindruck, dass hier sehr pragmatisch gearbeitet wird. Das gefällt mir.« In einem namhaften Möbelhaus kann es Bewerbern passieren, dass einen die Führungscrew in praktischer Arbeitskleidung mit Firmenlogo empfängt.

2.3 Knigge: vom stilsicheren Auftritt

Selbstverständlich rückt das stilsichere Auftreten besonders ins Blickfeld, wenn es für die zu vergebende Aufgabe wichtig ist. Das gilt für Funktionen mit direktem Kundenkontakt, ebenso für Jobs, bei denen ein Unternehmensbereich gegenüber anderen Bereichen repräsentiert wird. Auch wenn ein Nasenring nichts mit der fachlichen Qualifikation zu tun hat, dürfte er in vielen Branchen und Funktionen eine Einstellung verhindern. Kurzum: Knigge ist wieder gefragt. Worum geht es konkret?

Als das englische Königspaar einmal Deutschland beehrte, wurde Prinz Philip mit dem Wort »Protokoll« konfrontiert. »Protokoll?«, soll er gefragt haben, »das Wort kennen wir gar nicht.« Als der Gesprächspartner dem Prinzen erklärt hatte, was darunter zu verstehen sei, soll dessen Antwort gelautet haben: »Ein Protokoll gibt es bei uns nicht. Alles, was wir haben, sind gute Manieren!«

Gute Manieren, heißt es manchmal, seien Glückssache. Nein, es geht um die Kenntnis und Umsetzung von Regeln. Wer geht vor, wenn man mit der Personalleiterin eine Treppe hinaufsteigt? Darf man beim gemeinsamen Essen in der Kantine die Suppe von der Löffelseite in den Mund fließen lassen und Kartoffeln schneiden, wenn ein nicht anlaufendes Edelstahlmesser zur Hand ist? Benimmbücher und -kurse haben derzeit Konjunktur. Das hängt zum einen damit zusammen, dass Umgangsformen an Bedeutung gewonnen und sich seit Frau Erica Pappritz, jener legendären Anstandsdame der Nation, auch verändert haben. Nach wie vor gilt – es wurde nur zwischenzeitlich vergessen –, dass gute Manieren Wertschätzung signalisieren. Erhält ein Bewerber nach dem zweiten Vorstellungsgespräch eine Absage per SMS, ist das nicht nur stillos, sondern es sagt wenig Schmeichelhaftes über das entsprechende Unternehmen aus. Aus gutem Grund sind die Flegeljahre der Etikette vorbei. Beherzigen Sie daher die folgenden Tipps, die Ihnen zu einem sicheren und gewinnenden persönlichen Auftritt verhelfen:

- Früher war die Frage, wer wen zuerst grüßt, eine Statusfrage. »Heute«, so die Hamburger Benimm-Expertin Alexa Hengstenberg, »grüßt derjenige zuerst, der den anderen zuerst sieht.« Floskeln wie »Darf ich mich vorstellen« oder »Gestatten« sind überholt. Man nennt seinen Namen, quittiert eventuell die Namensnennung des anderen mit einem »Freut mich« und geht zum Smalltalk über.
- Als Bewerber marschiert man nicht mit weit ausgestreckter Hand auf seinen Gastgeber oder die Gastgeberin zu. Zum Shakehands fordert der Einladende auf.

- Wenn das Gespräch begonnen hat und ein weiterer Gesprächspartner kommt hinzu, steht man selbstverständlich zur Begrüßung auf. Die Regel, dass eine Dame in diesem Fall immer sitzen bleibt, gilt nicht mehr. »Heute entscheidet jede Frau selbst, ob sie bei der Begrüßung aufstehen möchte«, sagt Inge Wolff, Vorsitzende des Arbeitskreises Umgangsformen International.
- Der Bewerber wartet ab, bis er aufgefordert wird, sich zu setzen.
- »Bitte schön, nehmen Sie Platz!« Es gibt Bewerber, die wählen auf diese Aufforderung hin den Stuhl des Gastgebers, obwohl auf dem Tisch bereits Unterlagen liegen. Es ist keine Schande, nervös zu sein – aber gerade deshalb ist es gut, sich vorab mit einer angemessenen Sitzordnung vertraut zu machen. Prüfen Sie, welche Plätze durch Gegenstände »markiert« sind. Im Zweifelsfall haben ja schon andere Bewerbungsgespräche stattgefunden.
- Vermeiden Sie grundsätzlich den Platz an der Stirnseite eines Tisches.
- Wenn möglich, suchen Sie sich einen Platz, von dem aus Sie nicht in die Sonne blicken müssen. Man fühlt sich in diesem Fall wie bei einem Verhör und die gegenübersitzenden Gesprächspartner sehen aus wie Scherenschnitte.
- Setzen Sie sich nicht direkt neben Ihren Gesprächspartner. »Über Eck« ist eine gute Position.
- Der Gastgeber bestimmt die Agenda! Auch wenn es eine Weile ruhig im Raum ist, sollten Sie nicht einfach das Gespräch eröffnen. Und für die Einladung zum Gespräch können Sie sich bereits bei der Begrüßung bedanken.
- Wer bestimmt, wann die Aufwärmphase vorbei ist? Auch das macht der Gastgeber. Passen Sie als Bewerber also auf, dass Sie nicht ins Plaudern kommen und aus Zeitgründen abgewürgt werden müssen.
- Auch den Übergang zu weiteren Gesprächsphasen bestimmt der Einladende. In der Regel hat er ja nicht nur einen Zeitplan, sondern auch eine Vorstellung, welche inhaltlichen Stationen im Lauf des Interviews angesteuert werden sollen.

Zum stilvollen Auftritt gehört natürlich auch der Umgang mit Namen. Das mag banal erscheinen und doch zeigt sich hier soziale Kompetenz oder häufiger noch soziale Inkompetenz. Wer seinen Gesprächspartner hin und wieder – nicht übertreiben! – mit Namen anspricht, zeigt Wertschätzung und schafft Nähe. Dazu muss man die Namen allerdings parat haben und darf sie bei mehreren Gesprächspartnern nicht verwechseln und schon gar nicht verunstalten. Dass sich im Verlauf des Interviews die Frage »Wie heißen Sie noch mal?« verbietet, versteht sich von selbst. Die folgenden Tipps helfen Ihnen dabei, sich Namen zu merken.

Knigge: vom stilsicheren Auftritt 2

Tipps

- Sie haben eine Einladung zum Vorstellungsgespräch erhalten? Bestätigen Sie den Termin nicht per E-Mail, sondern rufen Sie an – allerdings nur das Sekretariat. Bestätigen Sie den Termin und fragen Sie beiläufig nach, wer außer dem Einladenden eventuell noch am Interview teilnimmt. So können Sie in Erfahrung bringen, dass eventuell neben dem Personaler der zukünftige Fachvorgesetzte und der Assistent der Geschäftsführung zugegen sein werden. Namen aufschreiben und merken. Ein kleiner Zettel ist hier hilfreich, auf den man kurz vor dem Gespräch noch einmal einen Blick wirft.
- Kommen vor Ort Ihnen namentlich unbekannte Gesprächspartner überraschend hinzu und haben Sie bei der Vorstellung den Namen nicht richtig verstanden, fragen Sie sofort nach. Mancher Bewerber verpasst hierfür den richtigen Zeitpunkt und hat dann später Probleme mit der Anrede.
- Wenn Ihnen Visitenkarten überreicht werden, stecken Sie diese nicht gedankenlos weg, sondern legen Sie sie vor sich auf den Tisch. Es kann recht hilfreich sein, sie hin und wieder im Blick zu haben.

Nun beginnt der Gesprächspartner damit, das Unternehmen vorzustellen und wird oft nach drei Sätzen unterbrochen. »Darf ich mir Notizen machen?« Viele Bewerber stellen diese Frage so, als verdienten sie einen Applaus dafür. In Wirklichkeit ist sie überflüssig, weil natürlich niemand einem Bewerber das Mitschreiben verbieten wird. Allerdings verrät das Mitschreiben einen Mangel an Empathie. Versetzen Sie sich einmal in die Lage des Gastgebers. Stellen Sie sich vor, Sie beschreiben Ihrem Kandidaten das Unternehmen, die Aufgabe und was es sonst noch zu berichten gibt – und der schreibt die ganze Zeit mit. Wie fühlen Sie sich? Richtig, wie bei einem Diktat. Blickkontakt? Keiner. Dialog? Abgebrochen. Ein sich ständig Notizen machender Bewerber – meist noch mit einem Aktenvermerksausdruck im Gesicht – ist eine Zumutung.

Warum das Urteil so hart ausfällt? Weil sich Personaler einen konzentrierten Zuhörer wünschen, der sie anschaut und sich merken kann, was ihm erzählt wird. Immerhin geht es um seine Zukunft. Es ist verwunderlich, wie wenig Bewerber diese Profilierungschance nutzen.

Praxis-Tipp

Wenn Sie richtig gut sind, achten Sie auf Details, die sich für ein späteres Nachfragen eignen, denn die Gesprächsphase »Welche Fragen darf ich Ihnen denn nun beantworten?« kommt mit Sicherheit. Wenn Sie dann mit den Worten »Sie haben eingangs erwähnt, dass Ihr Unternehmen …« beginnen können, zeigen Sie sich als guter Zuhörer.

Eine Frage des guten Benehmens ist es auch, dem beziehungsweise den Gesprächspartnern durch Blickkontakt Aufmerksamkeit und Wertschätzung zu schenken. Der Personaler, der während der Präsentation eines Bewerbers scheinbar teilnahmslos zum Fenster hinausschaut, ist ein eher unangenehmer Mitmensch. Manche halten das gar für eine taktische Maßnahme, mit der die Belastbarkeit des Kandidaten getestet werden soll. Lässt er sich verunsichern oder trägt er unbekümmert seinen Werdegang vor? Bewerber dürfen so etwas natürlich nicht tun, sondern müssen aufpassen, dass sie in einer größeren Runde niemanden ignorieren.

> **Praxis-Beispiel**
> Christian M. wird im Vorstellungsgespräch mit drei Gesprächspartnern konfrontiert: Da ist zunächst der Geschäftsführer, der ihn eingeladen hat, dann dessen Assistentin und der Abteilungsleiter, der den Personalbedarf hat. Während des gesamten Interviews spricht der Bewerber fast immer den Geschäftsführer an. Selbst wenn die anderen Beteiligten eine Frage stellen, erhält Ersterer die Antwort.

Diese ungleiche Verteilung von Aufmerksamkeit wird meist als Autoritätsfixierung gedeutet: Man schaut nur auf denjenigen, der allen anderen zeigen kann, wo der Hammer hängt. Ein guter Geschäftsführer wird aber nach dem Interview seine Kollegen beziehungsweise Kolleginnen fragen, welchen Eindruck sie von dem Kandidaten haben. Das Urteil dürfte eher ungünstig ausfallen, wenn sie vom Bewerber gar nicht zur Kenntnis genommen wurden. Deshalb vorher daran denken und allen Gesprächspartnern Aufmerksamkeit schenken.

2.4 Die gekonnte Selbstpräsentation

Personaler: »Nun schießen Sie mal los!« – *Bewerber:* »Also: Ich bin 35 Jahre alt, habe zwei ältere Brüder und bin in einem kleinen Dorf bei Rinteln an der Weser aufgewachsen. Meine Eltern hatten – und haben immer noch – eine kleine Bäckerei in meinem Geburtsort, an dem ich übrigens auch die Grundschule besucht habe. Später bin ich dann aufs Gymnasium gegangen, obwohl meine Eltern sich sehr gewünscht hätten, dass ich eine Lehre mache und einmal die Bäckerei übernehme. Meine großen Brüder hatten keine Lust dazu und so war ich die letzte Hoffnung. Sie müssen wissen, dass wir diese Bäckerei bereits in der dritten Generation betreiben. Für mich kam das aber überhaupt nicht infrage – einmal, weil ich …«.

»Gnade!« möchte der Personaler flehen und wird jetzt entweder beherzt eingreifen oder sich von seinem Terminplan verabschieden. »Er kann die Tinte nicht halten«, spottete der Aphoristiker Georg Christoph Lichtenberg einmal über einen Schriftsteller. Sinngemäß gilt dies auch für das gesprochene Wort und manchen Bewerber.

> **Praxis-Tipp**
> Für die Selbstdarstellung hilfreich ist die folgende Empfehlung von Martin Luther: »Tritt fest auf! Mach's Maul auf! Hör bald wieder auf!«

Hier einige Beispiele, die Sie natürlich an Ihren Werdegang und an die zu vergebende Aufgabe anpassen müssen:
- »Wie Sie meinen Unterlagen entnommen haben, entschied ich mich nach dem Abitur für eine Ausbildung zum …«
- »Wie Sie meinem Werdegang entnehmen konnten, habe ich mich bereits während meiner Ausbildung zur Industriekauffrau besonders für das Finanz- und Rechnungswesen interessiert und deshalb …«
- »Wie Sie wissen, habe ich nach meinem BWL-Studium und einer dreijährigen Tätigkeit als Projektleiter Kundenbetreuung mit Erfolg die von mir erstellten Kalkulationen bei den Kunden durchgesetzt und …«
- »Meinen persönlichen Werdegang kennen Sie ja bereits. Gern erwähne ich hier, dass ich schon während des Studiums darauf geachtet habe, wichtige Zusatzqualifikationen zu entwickeln. Besonders viel Spaß hat es mir immer gemacht, im Team Projekte zu bearbeiten und diese zu organisieren. Meine Kommilitonen sagten immer: »Komm, übernimm du das – du kannst gut organisieren.« Aus diesem Grund hat mich Ihr Angebot sehr angesprochen und ich kann mir gut vorstellen …«

Am Schluss machen Sie zusammenfassend noch einmal klar, warum Sie sich für die zu besetzende Position interessieren und empfehlen. Beispiel: »Aufgrund dieser Neigungen, Kenntnisse und Erfahrungen denke ich, zu dieser von Ihnen beschriebenen Aufgabe sehr gut zu passen.«

2.5 Zwischen Dichtung und Wahrheit

Der 38-jährige Betriebswirt hatte eine überzeugende Bewerbung eingereicht und machte auch im Vorstellungsgespräch einen guten Eindruck: Prädikatsexamen, vier offenbar erfolgreiche Jahre als stellvertretender Vertriebsleiter in der IT-Branche, vorzeigbare Auslandserfahrungen, ein nachträglich erworbener Abschluss als MBA in London und vieles mehr. Der Personalchef, bei dem sich der Kandidat vorstellte, hatte aber ein komisches Gefühl und schaltete die britische Control Risks Group mit der Bitte ein, die Bewerbungsunterlagen zu überprüfen. Das Ergebnis: Einige Zeugnisse waren schlicht gefälscht und die angeblich beruflichen Auslandserfahrungen bestanden aus Urlauben.

Nach einer Untersuchung der Control Risks Group, einer Unternehmensberatung für wirtschaftliche Risiken mit Sitz in Berlin, sagen zwölf Prozent aller Bewerber über ihre Fähigkeiten nicht die Wahrheit. Am meisten würde im IT-Bereich geschummelt. Aber was ist eigentlich Wahrheit? Für den Philosophen Hegel bedeutet Wahrheit, dass ein Begriff mit der Wirklichkeit übereinstimmt. Doch welche Wirklichkeit gehört zu dem Begriff »Erfahrungen«, die häufig in Stellenangeboten gefordert werden? Was verbirgt sich konkret hinter der Formulierung »verhandlungssicheres Englisch«? Und ab wann sind Kenntnisse »umfassend«? Bei den folgenden Themen besteht ein erheblicher Interpretationsspielraum.

Berufserfahrung
Ein Praktikumssemester und diverse kürzere Praktika lassen sich ebenso als Berufserfahrung werten wie Minijobs oder studienbegleitende Aushilfstätigkeiten. Wer nebenbei gekellnert hat, darf sich Erfahrungen im Umgang mit Gästen und Kunden zuschreiben. Wichtig ist, dass Sie im Vorstellungsgespräch den praktischen Nutzen formulieren können. Doch Vorsicht: Wenn ein Marketingfachmann gesucht wird und von »einschlägigen« Berufserfahrungen die Rede ist, kann man sich nicht auf einen Job als Tresenchef einer Kneipe beziehen. Zur Erinnerung: Berufserfahrungen, die man über Minijobs, Praktika, Hospitationen oder irgendwelche studienbegleitende Tätigkeiten erworben hat, sind auch als solche zu bezeichnen.

Führungserfahrung
Sie haben »federführend« mit Kolleginnen und Kollegen Projekte realisiert? Sie waren bisher zwar noch nicht weisungsbefugt, wurden aber (sporadisch) als Teammanager eingesetzt? Derartige Tätigkeiten können Sie sehr wohl auf das Konto »erste Führungserfahrung« buchen. Wer Aufgaben mit nur fachlicher Weisungsbefugnis ausgeübt hat, sollte mit Recht darauf verweisen, dass Mitarbeiterführung ohne disziplinarische Befugnisse besonders hohe Anforderungen an die Persönlichkeit eines Vorgesetzten stellt.

Projektmanagement
Nachwuchskräfte dürfen sich bei der Frage nach Erfahrungen im Projektmanagement durchaus auf Projekte während der Ausbildung oder des Studiums beziehen. Da heutzutage fast jede zeitlich begrenzte Aufgabe als Projekt bezeichnet wird, dürfte sich etwas finden, was in diese Richtung zielt.

Präsentationserfahrung
Auch hier können Nachwuchskräfte auf Ausbildungs- und Studienergebnisse verweisen, die vor Publikum präsentiert werden mussten. Der Umgang mit PowerPoint ist heute eine Kulturtechnik wie Lesen und Schreiben. Die gewinnende Foliengestaltung beherrscht freilich nicht jeder, aber daran kann man arbeiten.

Sprachkenntnisse

Orientieren Sie sich an der Skala »Grundkenntnisse«, »Schulkenntnisse«, »entwickelte Schulkenntnisse«, »hinreichend in Wort und Schrift«, »gut in Wort und Schrift«, »sehr gut in Wort und Schrift« und »verhandlungssicher«. Verwenden Sie die beiden letzten Kategorien nur, wenn Sie eine eventuelle Bewährungsprobe bestehen würden. So manches Vorstellungsgespräch wird – zumindest teilweise – in der geforderten Fremdsprache geführt.

IT-Kenntnisse

Das Wissensniveau der IT-Kenntnisse muss im tabellarischen Lebenslauf nicht angeführt werden. Wenn der Bewerber allerdings behauptet, dass er – wie im Stellenangebot gefordert – von Excel Ahnung habe, sollte dies zumindest zum Zeitpunkt des Vorstellungsgesprächs stimmen. Ich als Personalberater erinnere mich an einen Fall, in dem der von mir empfohlene Bewerber von meinem Auftraggeber gebeten wurde, mal eben eine Excel-Tabelle zu erstellen.

2.6 Das Recht auf Lüge

Der Hamburger Altbürgermeister Ole von Beust wurde von einem Journalisten einmal gefragt, ob er jemals gekifft habe. Darauf von Beust: »Diese Frage beantworte ich nicht.« Aber manchmal ist keine Antwort eben auch eine Antwort und deshalb hat der Gesetzgeber für das Vorstellungsinterview und für Bewerbungsbögen unzulässige Fragen definiert und dem Bewerber – sollten diese dennoch gestellt werden – ein Recht zur Lüge eingeräumt.

> **Achtung**
> - »Sind Sie Mitglied in einer Partei, Gewerkschaft oder Religionsgemeinschaft und falls ja, in welcher?«: Allerdings gelten für Tendenzbetriebe (Unternehmen und Institutionen mit ideeller Zielsetzung) Ausnahmen. So ist beispielsweise die Frage nach der Konfessionszugehörigkeit bei Kirchen als grundsätzlich zulässig anzusehen.
> - »Wie hoch ist Ihr derzeitiges Einkommen?«: Die Frage muss nicht wahrheitsgemäß beantwortet werden, wenn sie darauf abzielt, die Vermögensverhältnisse eines Bewerbers auszuforschen. Im Hintergrund dieser Frage könnte insbesondere bei einer leistungsabhängigen Vergütung die Überlegung stehen, ob es der Bewerber überhaupt nötig hat zu arbeiten. Wahrheitsgemäß zu beantworten ist die Frage nach dem derzeitigen beziehungsweise letzten Einkommen, wenn der Bewerber in der Gehaltsverhandlung angibt, dass er sich keineswegs finanziell verschlechtern möchte oder sich ein Plus von zehn Prozent wünscht.
> - »Sind Sie vorbestraft, etwa wegen Vermögensdelikten?«: Auch hier gibt es eine Ausnahme. Wer sich um einen »geldsensiblen« Arbeitsplatz bewirbt (Bank, Einkauf), muss wahrheitsgemäß antworten.

> - »Leiden Sie unter chronischen Krankheiten?«: Zulässig ist die Frage, soweit eine gesundheitliche Beeinträchtigung die Erfüllung der arbeitsvertraglichen Pflichten von vornherein beeinträchtigen würde.
> - »Sind Sie schwanger?«: Die Frage nach einer bestehenden Schwangerschaft ist ausnahmslos unzulässig, deshalb darf eine Bewerberin gegebenenfalls die Unwahrheit sagen. Dies ist in § 7 Abs. 1 AGG festgelegt.

Auskunftspflicht des Stellenbewerbers

Sind Bewerber verpflichtet, ungefragt Auskünfte zu geben? Nein, im Allgemeinen nicht. Der Arbeitgeber muss in einem Interview durch gezielte Fragen selbst herausfinden, ob der Bewerber zur angedachten Aufgabe passt. Manchmal kann es allerdings durchaus sinnvoll sein, Unstimmigkeiten im beruflichen Werdegang von sich aus anzusprechen, ehe der Interviewpartner danach fragt. Das gilt beispielsweise für eine erkennbar nicht beendete Probezeit oder ein nicht abgeschlossenes Studium. In seltenen Fällen gilt eine Offenbarungspflicht des Bewerbers, etwa, wenn es aufgrund einer Erkrankung oder einer anzutretenden Haftstrafe von vornherein ausgeschlossen ist, dass er den Arbeitsvertrag erfüllen kann.

2.7 Was im Interview nicht gut ankommt

Es gibt Bewerber, die fachlich überzeugen, sicher auftreten, rhetorisch geschickt sind und dennoch eine Absage erhalten.

2.7.1 Ja-Sager und Schmeichler

Gute Führungskräfte kennen die beiden folgenden Grundsätze und beherzigen sie. Erstens: Wer nur hören will, was einem gefällt, lebt gefährlich. Zweitens: Wer nur sagt, was gut ankommt, ist gefährlich.

Manche Bewerber reden ihrem Gesprächspartner nach dem Mund oder versuchen, ihn mit Nettigkeiten wohlwollend zu stimmen. Früher hieß es sinngemäß »Diesen Hügel nehmen!« und alle rannten los. Zuvor wurde noch das Hirn abgestellt. Gute Vorgesetzte wünschen sich heute Mitarbeiter, die sich der kollektiven Überwindung der Vernunft widersetzen und nachfragen: »Warum diesen Hügel?« VW-Chef Matthias Müller sagte nach dem Skandal um die manipulierten Abgaswerte in einem Interview: »Wir brauchen keine Ja-Sager, sondern Manager und Techniker, die mit guten Argumenten für ihre Überzeugungen und ihre Projekte kämpfen – die unternehmerisch denken und agieren.«

Was im Interview nicht gut ankommt 2

Natürlich ist das auch eine Frage der Unternehmenskultur: Wird ernsthaft delegiert und Verantwortung nach unten übertragen? Ist ein kritisches Mitdenken erwünscht? Eine Rolle spielt auch, wie stark der Vorgesetzte ist. Schwache Führungskräfte verfahren gern nach der »Schmidt-sucht-Schmidtchen-Methode«. Dann machen jene Kandidaten das Rennen, die pflegeleicht erscheinen und dem Chef nicht gefährlich werden können. Der Wettbewerbsfähigkeit eines Unternehmens tut so etwas nicht gut.

Die Zeitschrift »Werben & Verkaufen« (W&V) hat seine Leser im Internet befragt, welche Qualitäten Nachwuchskräfte mitbringen sollten. Hier das Ergebnis:
- »Sie müssen fachlich versiert sein. Soziale Kompetenz lernt man im Job«: vier Prozent Zustimmung.
- »Ein Studium in Rekordzeit, davon einige Semester im Ausland und am besten noch ein MBA«: zwei Prozent Zustimmung.
- »Gute Examensnoten sind mindestens so wichtig wie soziale Kompetenz«: 19 Prozent Zustimmung.
- »Wir brauchen Nachwuchskräfte mit Ecken und Kanten, farblose Manager haben wir genug«: 75 Prozent Zustimmung.

Wenn Sie nach Ihrer Meinung gefragt werden, müssen Sie also gut aufpassen – es kann tatsächlich Ihre Meinung gefragt sein.

> **Praxis-Beispiel**
>
> Sie bewerben sich im Marketing und man legt Ihnen ein Mailing vor, das das Unternehmen konzipiert hat. Nun will Ihr Gesprächspartner wissen, was Sie davon halten. Leider sagt er Ihnen nicht, dass die Sache ein Riesenflop war.
> Wenn Ihnen in einer solchen Situation etwas auffällt, das nach Ihrem Dafürhalten hätte besser gemacht werden können – heraus mit der Sprache. Dabei muss man nicht neunmalklug auftreten und sollte die kritischen Anmerkungen einfühlsam kommunizieren. Genau diese Eigenschaften sind ja später auch gefragt, um im Team beziehungsweise mit Kolleginnen und Kollegen gut klarzukommen.

Abschließend noch einige Anmerkungen zu Bewerbern, die mit Schmeicheleien zu punkten versuchen. Gewiss ist fast jeder Mensch in gewisser Hinsicht eitel und deshalb für Schmeicheleien empfänglich. Für die Bewerbungssituation gilt dies aber kaum. Wer sich täglich mit der Besetzung von Stellen befasst, ist längst immun gegen die Versuche von Bewerbern, sich »einzuschleimen«. Achten Sie daher darauf, wie Sie in Situationen wie der folgenden reagieren: »Wie hat Ihnen denn unsere Stellenanzeige gefallen?« »Absolut überzeugend und auf den Punkt formuliert!« Kann man gegen solche Nettigkeit eines Bewerbers ernsthaft etwas einwenden? Ja, man kann.

Was ist zum Beispiel, wenn der ursprüngliche Textentwurf Ihres Gegenübers von dessen Vorgesetzten abgelehnt wurde und die von diesem redigierte Fassung veröffentlicht werden musste? Dann haben Sie soeben den Chef des Gesprächspartners gelobt, mit dem er gerade im Clinch liegt. Schmeichler und »Hofschranzen« können für Unternehmen gefährlich sein. Die Skandale der letzten Zeit – man denke an VW, die Deutsche Bank, Siemens, den ADAC oder die FIFA – haben gezeigt, wie schnell das Image ruiniert ist und Milliarden verbrannt sind. Unternehmen brauchen Menschen, die auch schlechte Nachrichten überbringen können, und Querdenker – je nachdem, was die Lage erfordert.

2.7.2 Politische Bekenntnisse sind riskant

Wirtschaft ist hochpolitisch. Zwar gestaltet die Politik die Rahmenbedingungen, unter denen Unternehmen mehr oder weniger erfolgreich arbeiten können, aber es gibt auch selbst gemachte betriebliche Schwierigkeiten. Es gibt Strukturkrisen ganzer Branchen, die nicht mehr wettbewerbsfähig sind, und es gibt Einflüsse der Weltkonjunktur. Hier müssen Bewerber, die sich um eine anspruchsvolle Aufgabe bemühen, einen Standpunkt haben. Allerdings sollten sie sich vor Schuldzuweisungen an Parteien oder Organisationen hüten.

In einer Demokratie sind Wahlen aus guten Gründen geheim. So kann die Vorliebe für eine politische Partei auch nie Gesprächsgegenstand in einem Vorstellungsinterview sein. Lassen Sie sich nicht zu entsprechenden Äußerungen verleiten – es könnte auch eine Falle sein. Ausnahmen: Sie bewerben sich bei einer Partei, etwa als Büroleiter eines Abgeordneten, bei einer politischen Stiftung, einer Gewerkschaft oder einer kirchlichen Institution.

! Tipps

Und was ist, wenn Sie als Betriebswirt oder Führungsnachwuchskraft beispielsweise nach Ihrer Meinung zu Mindestlöhnen, der Deckelung von Managergehältern oder der Frauenquote gefragt werden? Hier einige Tipps:
- Nicht eifern!
- Keine Gemeinplätze äußern. Etwa: »Man muss doch von seinem Lohn leben können.« Oder: »Es machen sich doch alle nur die Taschen voll!«
- Das Für und Wider darstellen. Beispiel: »Es muss einen Anreiz zur Arbeit geben. Aber was wird aus den Geringqualifizierten, wenn deren Arbeit künstlich verteuert wird?« Oder auch: »Hohe Managergehälter haben die Marktwirtschaft in Verruf gebracht. Aber es gibt einen weltweiten Wettbewerb um die besten Köpfe. Und die haben ihren Preis. Wenn talentierte Nachwuchskräfte das Land verlassen, weil sie woanders bessere Konditionen vorfinden, bekommen wir hier Probleme.«

- Wenn man gute Argumente hat, sollte man sich zu seinem Standpunkt bekennen. Bei diffizilen Fragen ist es keine Schande, Unsicherheit hinsichtlich einer Antwort einzuräumen.
- Ein pauschales Politik- oder Partei-Bashing kommt in der Regel nicht gut an.

Passen Sie auf, wenn Sie nach dem Stellenwert der Betriebsratsarbeit gefragt werden. Sie wissen nicht, ob Ihr Gegenüber als Personalleiter im Dauerstreit mit seinem Betriebsrat liegt oder vielleicht seine Karriere früherer Betriebsratsarbeit verdankt. Derartige Seitenwechsel kommen immer wieder vor. Hier eine Antwort, die gewiss akzeptiert wird: »Betriebe sollten ab einer bestimmten Größenordnung eine Interessenvertretung haben, die Geschäftsführung braucht ja auch einen Ansprechpartner. Aber es gibt nun einmal – wie überall – konstruktive und kompetente und weniger konstruktive und inkompetente Interessenvertreter.«

2.7.3 Theorie nicht gegen Praxis ausspielen

»Grau, teurer Freund, ist alle Theorie«, meinte der Dichterfürst Johann Wolfgang von Goethe. »Nichts ist praktischer als eine gute Theorie«, befand dagegen Kurt Lewin, ein bedeutender Psychologe des 20. Jahrhunderts. Praktiker und Theoretiker stehen seit jeher auf Kriegsfuß miteinander, weil es in jeder Gesellschaft zu allen Zeiten einen Kampf zwischen Erfahrung und neuen »theoretischen« Erkenntnissen gab und gibt. Hier sollte man als Bewerber aufpassen: Was gestern galt, muss heute nicht mehr stimmen – aber was heute lautstark verkündet wird, ist auch nicht unbedingt richtig.

Insbesondere Hochschulabsolventen sei geraten, die Bedeutung von Erfahrung nicht herunterzuspielen und die der Theorie nicht zu überhöhen. So mancher Gesprächspartner, der seinen Job »von der Pike auf« erlernt hat, wird ungern hören wollen, dass er längst aus der Zeit gefallen ist. Konflikträchtig kann im Vorstellungsgespräch auch die Bewertung von Hochschulabschlüssen sein.

Es gibt Unternehmen, für die beginnt der Akademiker erst mit einem Universitätsabschluss, daher stellen sie für bestimmte Positionen gar keine Fachhochschulabsolventen ein. Andere Firmen haben mit FH-Kandidaten sehr gute Erfahrungen gemacht – und das auch noch bei niedrigeren Einstiegsgehältern.

> **! Achtung**
>
> Die Frage »Warum haben Sie kein Universitätsstudium absolviert?« sollte nicht unterschätzt werden. Ein Bewerber kann sich mit der Antwort um Kopf und Kragen reden. Etwa so: »Ich habe aus gutem Grund BWL an einer Fachhochschule studiert, weil die Inhalte dort viel praxisnäher vermittelt werden. Wir haben doch genug Theoretiker – an der Uni ist das alles viel zu abgehoben.« Diese zwei Sätze können einen Bewerber den potenziellen Job kosten. Was ist, wenn der Gesprächspartner an der Universität BWL studiert hat und darauf stolz ist?

Überlegen Sie vor der Antwort auf die Frage nach der Wertigkeit von akademischen Abschlüssen, welche Einstellung Ihr Interviewpartner zu den zu bewertenden Bildungseinrichtungen hat. Das gilt besonders für die immer wieder kontrovers diskutierten Bachelor- und Masterabschlüsse. Wichtig ist hier, nicht aus einer »Hau-drauf«-Haltung heraus zu reagieren. Die folgenden Hintergründe könnten beim Interviewpartner vorliegen:

- Er hat selbst an einer Fachhochschule oder Universität studiert und gute oder schlechte Erfahrungen gemacht.
- Er hat »nur« an einer Fachhochschule studiert und empfindet das als Schönheitsfehler.
- Von Bildungsgängen unter Universitätsniveau hält er herzlich wenig.
- Er ist stolz auf seinen berufsbegleitend erworbenen Bachelorabschluss. Wenn man jetzt sagt, dass ein Bachelor doch nur ein besserer Lehrabschluss sei, könnte das den Tatbestand einer Beleidigung erfüllen.
- Er hat Kinder, die sich für eine dieser beiden Institutionen entscheiden müssen, und sucht Orientierung.

Da Sie als Bewerber nicht wissen, welche Gedankengänge des Fragenden mit diesem Thema verbunden sind, dürfen Sie die beiden Bildungseinrichtungen nicht vergleichend bewerten. Achten Sie vielmehr darauf, dass Sie die jeweiligen Vorzüge und Unterschiede einigermaßen klar auf den Punkt bringen.

> **! Praxis-Beispiel**
>
> Eine gute Antwort könnte so lauten: »Das Studium an einer FH ist deutlich strukturierter – manche sagen auch, es sei »verschulter« als ein Universitätsstudium. Und es steht die Lehre, nicht die Forschung im Vordergrund. Ich hatte mit meiner Fachhochschule großes Glück, denn wir hatten zwei Professoren, die Erfahrungen aus der Wirtschaft mitbrachten. Einer hat zum Beispiel zehn Jahre als Controller in einem Konzern gearbeitet. Vielleicht kam manchmal die theoretische Fundierung zu kurz – aber ich fühle mich gut ausgebildet. Und ich denke, dass ich das Gelernte sehr gut in die Praxis übertragen kann.«

2.7.4 Reden Sie nur über Dinge, von denen Sie Ahnung haben

»Wenn die Menschen nur über das sprächen, was sie begreifen, dann würde es sehr still auf der Welt sein.« Diese Mutmaßung von Albert Einstein ist zwar ironisch überspitzt, enthält aber einen wahren Kern. In diesem Sinn kann Schweigen für einen Bewerber manchmal vorteilhaft sein.

»Was halten Sie von der Shareholder-Value-Strategie vieler Großunternehmen?« Oder subtiler in der Fragestellung: »Meinen Sie nicht auch, dass die Shareholder-Value-Strategie längst überholt ist?« Jetzt ist eventuell Holland in Not, wenn der so Gefragte keine Ahnung hat und sich dennoch profilieren möchte. In ein wirkliches Desaster gerät er aber erst, wenn er die Shareholder-Strategie eifrig ablehnt und sich dann auf Nachfrage zeigt, dass er gar nicht weiß, wovon die Rede ist. Normalerweise ist das keine Schande – eine Schande ist es, so zu tun, als kenne man sich aus. Vor solchen potenziellen Mitarbeitern haben Unternehmen zu Recht Angst. Wie lautet doch ein absolut beherzigenswerter Grundsatz? Man muss nicht alles wissen, aber man muss wissen, was man nicht weiß.

> **Praxis-Tipp**
>
> Schwache Persönlichkeiten sind bemüht, ihre Schwächen zu verbergen, während starke Persönlichkeiten Mut zur Lücke zeigen und zu ihren Defiziten stehen. Gut ist es, bei einer solchen Gelegenheit kurz anzuführen, was man gegebenenfalls zur Behebung der Schwächen zu tun gedenkt. Etwa: »Ich glaube, ich sollte mich mit dem Thema noch einmal befassen.«

2.7.5 »Da haben Sie mich falsch verstanden«

»Die Zunge ist ein Dolch aus Fleisch« heißt es in einem spanischen Sprichwort. Manchmal verderben auch unbedachte Floskeln die Gesprächsatmosphäre. Bert Brecht hat einmal angemerkt: »Wir waschen hin und wieder unsere Wäsche, aber niemals unsere Wörter.« Das ist ein guter Ratschlag für ein Bewerbungsgespräch.

»Da haben Sie mich falsch verstanden!« Wie darf ein Gesprächspartner diesen Satz verstehen? Als Vorwurf, nicht aufgepasst zu haben? Als Zweifel an seiner intellektuellen Leistungsfähigkeit? Als Schuldzuweisung? Ein Satz, der gar nicht böse gemeint ist, kann eine negative Wirkung haben. Was ist, wenn der Gesprächspartner kontert: »Könnte es sein, dass Sie sich nicht richtig ausgedrückt haben?« Er wird es vielleicht nicht tun, aber er wird es sich wahrscheinlich denken – was nicht weniger schlimm ist. Streichen Sie daher aus den gleichen Gründen auch die folgenden Formulierungen:

- »Wie ich vorhin schon versucht habe, Ihnen zu erklären, aber ...«
- »Ehrlich gesagt ...«
- »Jeder hat doch bestimmt schon mal ...«
- »Wir alle können doch nicht immer ...«
- »Sie können sich sicher vorstellen, dass ...«
- »Niemand ist perfekt.«
- »Wir sind doch alle nur Menschen!«

Die meisten Gesprächspartner übergehen solche Formulierungen – einem positiven Gesprächsklima sind sie aber nicht dienlich. Denken Sie an die schon erwähnte älteste bekannte Rhetorikregel der Menschheit: Es ist egal, was du sagst – entscheidend ist, wie es ankommt.

2.7.6 Aufdringliche Körpersprache

Jedes Mal, wenn der Bewerber A eine Frage gestellt bekommt, kratzt er sich am rechten Bein, ehe er seine Antwort gibt. Bewerber B greift in einer vergleichbaren Situation nach einem Kugelschreiber und hantiert damit herum, während Bewerber C mit seinen Händen ständig neue »Spitzdächer« baut. Oft zeigen derartige Gesten einen innerpsychischen Konflikt an. Ein geschulter Interviewer wird sich sagen: »Aha, nun habe ich offensichtlich ein sensibles Thema angesprochen.« Die Körpersprache ist nun einmal die ehrlichste Form der Kommunikation. Wer mit zittrigen Händen Belastbarkeit als besondere Stärke anführt, widerlegt sich selbst.

Manche körpersprachlichen Handlungen sind aber nur Gewohnheiten, die sich im Lauf des Lebens eingeschliffen haben. Wer sich ständig am Ohr zupft oder die Brille zurechtrückt, gibt nicht gleich einen Blick in seelische Abgründe frei – aber so etwas nervt auf Dauer und wirkt wenig souverän.

Praxis-Tipp

Wer sich bewirbt, muss kein anderer Mensch werden. Aber auf Bewährungssituationen jedweder Art sollte man sich vorbereiten und dazu kann auch eine Überprüfung des nonverbalen Verhaltens gehören. Hilfreich ist dabei ein Feedback zur Körpersprache von außen. Dazu einige Leitfragen:
- Bin ich ein »Äh«-Produzent?
- Was mache ich in kritischen Gesprächssituationen mit meinen Händen?
- Werfe ich meine Arme weit auf den Tisch?
- Neige ich dazu, die Arme vor der Brust oder sogar hinter dem Kopf zu verschränken?
- Umklammere ich mit den Füßen gern die Stuhlbeine?

- Sitze oder hänge ich auf meinem Stuhl?
- Wahre ich beim Reden Blickkontakt oder suche ich Halt an der Decke oder irgendeinem Fixpunkt?
- Zeige ich hin und wieder einmal, dass ich auch lächeln kann?

Sie sollten sich nicht selbst belauern, aber die alte Regel, sich einmal neben sich selbst zu stellen und zu beobachten, ist gar nicht so übel. Auf diese Weise lässt sich schon das eine oder andere störende Verhaltensmuster in den Griff bekommen. Im Übrigen können manche Marotten auch liebenswert sein. Es geht nicht um den perfekten Auftritt, denn Perfektion treibt dem Leben das Mark aus den Knochen.

2.8 Strukturierte und unstrukturierte Interviews

Was ist in der Eignungsdiagnostik zielführender? Das Interview bei allen Bewerbern für eine bestimmte Aufgabe strikt nach einem Leitfaden durchzuführen oder das Interview am individuellen Leistungsprofil und der Biografie eines Interessenten auszurichten? Die Diskussion unter den HR-Experten ist noch nicht beendet, aber es fällt auf, dass insbesondere Behörden und Ämter das strukturierte Interview favorisieren. Der Grund dafür lässt sich nur vermuten: Strukturierte Interviews sind vergleichbar und schützen damit vor dem Vorwurf der Diskriminierung nach dem Allgemeinen Gleichbehandlungsgesetz. Man ist als Einstellender rechtlich zwar auf der sicheren Seite, aber leider nicht unbedingt hinsichtlich der eignungsdiagnostischen Prognose.

Grundsätze eines strukturierten Interviews
- Die Fragen gründen auf einer Arbeitsanalyse.
- Jedem Bewerber werden die gleichen Fragen gestellt.
- Hilfestellungen beim Beantworten der Fragen werden vermieden.
- Es kommen situative Fragen vor, zum Beispiel: »Was tun Sie, wenn Sie zum ersten Mal ein Meeting durchführen?«
- Fragen werden auf vergangenes Verhalten bezogen, zum Beispiel: »Was haben Sie im letzten Jahr genau getan, um Kosten zu sparen?«
- Längere Gespräche mit vielen Fragen.
- Den Bewerber erst fragen lassen, wenn das Interview beendet ist.
- Beurteilungsskalen mit verbalen oder grafischen Ankern kommen zum Tragen, zum Beispiel ungenügend bis sehr gut oder Smileys.
- Während des Gesprächs werden Notizen gemacht.
- Mehrere Interviewer nehmen teil.
- Die gleichen Interviewer werden für alle Bewerber eingesetzt.

- Über den Bewerber und die Antworten wird während des Interviews nicht diskutiert.
- Die Interviewer sind trainiert.
- Am Ende werden statistische Werte ermittelt, um Vorhersagen zur Eignung zu treffen.

Grundsätze eines unstrukturierten Interviews
- Ein unstrukturiertes Bewerbergespräch folgt keinem festgelegten Fragenkatalog.
- Der Interviewer gibt auf Basis der Informationen, die er im Lauf des Gesprächs vom Bewerber erhält, eine globale, subjektive Bewertung ab.
- Vorteil dieser Interviewform ist der größere Spielraum für Fragen zur Persönlichkeit, es kann individuell auf den Bewerber eingegangen werden.
- Die offene Gesprächsform »entspannt« die schwierige Situation für den Bewerber.

> **Hinweis**
>
> Alles hat seinen Preis. Das strukturierte Interview mag vergleichbarer und im Ergebnis weniger angreifbar sein, verläuft aber notgedrungen bürokratisch und emotionslos. Viele Bewerber berichten, dass sie sich bei dieser Interviewform vorgeführt fühlen. Im Vergleich dazu berücksichtigen unstrukturierte Interviews den Umstand, dass jeder Mensch ein einmaliges und unvergleichbares Individuum ist. Individuelle Besonderheiten und scharfe Biegungen im Lebenslauf können intensiv erörtert werden und interessante Erkenntnisse über einen Bewerber bringen – und nicht zuletzt zu dessen Vorteil. Das unstrukturierte Interview ist die gerechtere Methode. Und dafür gibt es auch eine psychologische Begründung: Die Tür zum anderen geht nach außen auf – man kann sie nicht einrennen.

3 Fragen, die im Interview zu erwarten sind

Das Herzstück eines Vorstellungsgesprächs machen die Interviewfragen aus. Es gibt typische Fragen und es gibt Fragen, die für Überraschungen gut sind. Hier geht es vor allem um jene, die mit großer Wahrscheinlichkeit gestellt werden. Wer hier verdruckst antwortet, bekommt zusätzlich Minuspunkte für eine mangelhafte Vorbereitung. »Mit dieser Frage«, sagt sich manchmal der Personalbeschaffer, »hätte der Bewerber doch rechnen müssen.« Ein Vorstellungsinterview ist im Grunde eine Verkaufsveranstaltung und jeder gute Verkäufer kennt die möglichen Fragen seines Kunden und hat überzeugende Antworten parat.

3.1 Typische Fragen zur Motivation der Bewerbung

»Warum haben Sie sich ausgerechnet bei uns beworben?«
Nicht selten müsste die Antwort wahrheitsgemäß lauten, dass der Bewerber einen Job sucht, um die Miete zahlen und seinen sonstigen Lebensunterhalt bestreiten zu können. Aber das geht in der Regel nicht und so ist man denn gut beraten, sich bereits zu Hause eine passende Antwort zu überlegen.

Die langweiligsten Antworten kommen etwa so daher: »Ich habe mich schon immer für Ihr Unternehmen interessiert. Und als ich dann die Stellenanzeige sah, habe ich sofort die Initiative ergriffen und mich beworben.« Oder: »Ich finde die Produkte einfach toll – und deshalb möchte ich in Ihrem erfolgreichen Team sehr gern mitarbeiten.« Streichen Sie Satzanfänge wie »Ich habe schon immer …« oder »Ich wollte schon immer …«. Das bekommt ein Personaler ständig zu hören – und vor allem liefern Sie damit kein Argument. Wer erklärt, dass er schon immer Zahnarzt werden oder bei Siemens arbeiten wollte, verweigert bei der Frage nach den Motiven die Antwort.

Von einem Bewerber wird erwartet, dass er kritisch prüft, welche Aufgabe und welches Unternehmen zu ihm passt – und zwar in dieser Reihenfolge. Wenn er überzeugt ist, dass die Inhalte und Anforderungen des Jobs stimmen, gilt es zu klären, aus welchen Gründen er sich mit einem bestimmten Unternehmen identifizieren könnte und dort beruflich starten möchte. Hier einige Hilfsfragen für die Vorbereitung:
- Welcher Geschäftszweck wird verfolgt?
- Was ist das Besondere an den Produkten?
- Was ist typisch für die Branche?

- Welche möglichen Vorzüge hat die Unternehmensgröße?
- Was gibt die Unternehmensgeschichte her?
- Handelt es sich um einen Familienbetrieb?
- Hat das gewählte Unternehmen einen besonderen Ruf, wenn es um das Thema Unternehmenskultur geht?
- Wie ist die Marktposition des Unternehmens? Marktführer? Oder interessanter Nischenanbieter?
- Welche Rolle spielen Eigenschaften wie Innovationsstärke, Kundenorientierung und Umweltschutz?
- Wie ist die Altersstruktur?
- Ist das Unternehmen national oder international aufgestellt?
- Gibt es in der Biografie des Bewerbers einen persönlichen Bezug zum Unternehmen?

Natürlich haben Personaler Angst vor Bewerbern, die nur unterkommen wollen. Und sie haben Angst vor Jobhoppern, die bisweilen verbrannte Erde hinterlassen. Und daher ist es gut, wenn Sie Ihre Motive für die Bewerbung nachvollziehbar darlegen können. Bewerben ist ein wenig wie flirten – ein Unternehmen möchte sich auserwählt fühlen.

> **Hinweis**
> Es gibt viele Mütter mit hübschen Bräuten! Diese Aussage ist vielleicht politisch nicht ganz korrekt, aber es wäre doch sinngemäß unglaubwürdig, andere berufliche Alternativen von vornherein auszuschließen. Natürlich gibt es immer noch Personaler, die bereits die Gewährung eines Vorstellungsgesprächs als Gnadenakt verstehen – aber diese Zeiten sind angesichts des »War for talents« vorbei.

Und hier eine Antwort auf die Frage »Warum haben Sie sich ausgerechnet bei uns beworben?«: »Nun, Ihr Stellenangebot mit den beschriebenen Aufgaben und Anforderungen hat mich angesprochen. Dann habe ich mich über Ihr Unternehmen genauer informiert und festgestellt: Mit Ihren Produkten kann ich mich gut identifizieren und die Größe des Betriebs entspricht meinen Vorstellungen. Was mir besonders entgegenkommt, ist Ihr Engagement in den neuen EU-Staaten – ich habe gelesen, dass Sie unter anderem in Posen und Bialystok Verkaufsbüros einrichten werden. Unternehmen mit einem derartigen Profil interessieren mich ganz besonders.«

»Wo liegen nach Ihrer Einschätzung die Stärken unseres Unternehmens?«
Damit Sie hier nicht mit der Stange im Nebel stochern müssen, rufen Sie sich noch einmal die wichtigsten Wettbewerbsparameter in Erinnerung. Zu den harten Faktoren gehören

- Qualität
- Preis/Kosten
- Lieferpolitik/Schnelligkeit

Neben den »Hardware-Faktoren« gibt es noch die »Software-Faktoren«, zum Beispiel:
- Image
- Kommunikation im Markt
- Kundenorientierung
- Service

Checken Sie das Unternehmen, das Sie interessiert, hinsichtlich dieser Merkmale.

> **Hinweis**
> Das »Deutsche Kundenbarometer« wurde 1992 auf Initiative der Deutschen Marketing Vereinigung e. V. gegründet und führt jährlich Untersuchungen zu den Themen Kundenzufriedenheit und Kundenbindung durch. Etwa 50 Branchen werden untersucht und es finden circa 25.000 telefonische und persönliche Interviews statt. Wenn Sie ein wenig Glück haben, finden Sie »Ihr« Unternehmen auf einem guten Platz im Ranking und können im Gespräch darauf eingehen.

»Was fällt Ihnen zu unseren Produkten ein?«
Wer sich bei Ikea oder Zalando bewirbt, hat es bei dieser Frage leicht. Bewerber bei einer Schraubenfabrik oder einem Hersteller von Mottentod tun sich schwerer. Mit der Antwort »Ihre Produkte finde ich toll!« oder »Mit den Produkten kann ich mich gut identifizieren!« kommt man allerdings nirgends durch.

Der ganze Aufwand, sich damit zu befassen, erscheint Ihnen zu hoch? Bedenken Sie, dass es im Vorstellungsinterview um die Goldmedaille geht – Silber ist wertlos. Und da dürfen keine Punkte durch eine ungenügende Vorbereitung verschenkt werden. Finden Sie also vorab Antworten auf einige der folgenden Fragen:
- Wie sieht die gesamte Produktpalette aus? Ist sie eher breit oder nur wenig aufgefächert?
- Gibt es Traditionsprodukte?
- Welche Produkte sind besonders modern oder innovativ?
- Wo mögen die Wettbewerbsvorteile liegen? Preis? Qualität? Image? Kundenbindung? Marktführerschaft? Innovationskraft?
- Wie austauschbar oder verwechselbar sind die Produkte?
- Gibt es eine Unique Selling Proposition (USP) – also ein Alleinstellungsmerkmal – und worin besteht es?

- Wie werden die Produkte beworben und wie sieht der Marktauftritt aus?
- Welche persönlichen Erfahrungen haben Sie gegebenenfalls mit den Produkten gemacht?

»Was wissen Sie über unsere Mitbewerber?«
Gesucht werden in der Regel Mitarbeiter, die sich durch die Liebe zum Detail auszeichnen, dabei aber nicht den Überblick verlieren – also immer auch das »Big Picture« vor Augen haben. Früher sprach man vom Blick über den Tellerrand und darum geht es bei dieser Frage. Wer sich nur mit dem Unternehmen befasst, bei dem er sich bewirbt, wird zu kurz springen.

Wenn Sie sich beispielsweise bei einem Unternehmen der Lebensmittelindustrie bewerben, sollten Sie sich einen Überblick bezüglich der Mitbewerber in der Food-Branche verschaffen. Es wäre gut, auch die größten Lebensmittel-Discounter zu kennen und über aktuelle Entwicklungen, zum Beispiel Zukäufe und Fusionen, informiert zu sein.

> **! Praxis-Tipp**
> Bereiten Sie sich gut vor, um folgende Fragen beantworten zu können. Damit zeigen Sie, dass Sie sich über die Mitbewerber informiert haben.
> - Wer ist Marktführer im Umsatz?
> - Wer ist Qualitätsführer?
> - Wer ist besonders hochpreisig?
> - Wer ist nur national und wer auch international aufgestellt?
> - Wer ist spezialisierter Nischenanbieter?
> - Wer ist besonders innovativ in der Produktentwicklung?
> - Wer ist wie erfolgreich im Online-Handel aufgestellt?

Dank Internet stellt es heute ja kein Problem mehr dar, die entsprechenden Daten zusammenzutragen. Wenn Sie sich dafür ein wenig Zeit nehmen, werden Sie sicher auf interessante Fakten stoßen.

»Wie finden Sie unseren werblichen Auftritt?«
Der Gesprächspartner will mit dieser Frage herausfinden, ob der Bewerber von den werblichen Aktivitäten und der werblichen Optik des Unternehmens überhaupt etwas mitbekommen hat. Und natürlich, ob er in diesem Zusammenhang zu einer Stellungnahme in der Lage ist. Mit Äußerungen wie »Finde ich gut!« oder »Überzeugend!« ist man nicht aus dem Schneider. Stellen Sie sich bei der Vorbereitung die folgenden Fragen:
- Welches sind die bevorzugten Werbeträger und Werbemittel (Anzeigen, Plakate, Funk und Fernsehen, Kino, Prospekte, Internet, Direct-Mail) des Unternehmens?

- Wie sind die Firmenprospekte aufgemacht?
- Wie ist der Eingangs- und Empfangsbereich des Unternehmens gestaltet?
- Bei Ladengeschäften: Wie sieht die werbliche Optik der Einrichtung und Warenpräsentation aus? Wie sind die Mitarbeiter gekleidet? Wie ist die Ausschilderung der Warengruppen? Wie ist die Beleuchtung?
- Wie ist das Corporate Design (Briefpapier, Logo etc.)? Gibt es das überhaupt?
- Gibt es einen Slogan oder Claim, mit dem eine Mission oder Vision kommuniziert wird? Beispiel: »Porsche intelligent Performance«.
- Welche Farben werden bevorzugt? Gibt es eine »Hausfarbe« oder eine Produktfarbe wie beispielsweise bei Nivea?

> **Praxis-Tipp**
> Natürlich kann es passieren, dass Sie sich auf eine Frage bestens vorbereitet haben und dann wird die gar nicht gestellt. Dann können Sie nach dem Motto »Was ich noch sagen wollte« selbst die Sprache auf den werblichen Auftritt des Unternehmens bringen.

»Was wissen Sie über die Geschichte unseres Hauses?«
Die Identität beziehungsweise Unverwechselbarkeit eines Unternehmens ist in erheblichem Maß durch seine Geschichte bestimmt. Man kann davon ausgehen, dass die meisten Firmen auf ihre Vergangenheit stolz sind und deshalb entsprechende Kenntnisse gut ankommen.

> **Praxis-Beispiel**
> Mit einem Pflaster fing alles an: »Im Jahr 1880 ließ sich der brandenburgische Paul C. Beiersdorf in Hamburg nieder und übernahm eine Apotheke in der Mühlenstraße. Mit seinen physikalischen Kenntnissen und Fähigkeiten baute er ein Laboratorium auf und bot Ärzten seine Dienste an. Bahnbrechend für die weitere Entwicklung war ein Verfahren zur Herstellung von medizinischen Pflastern, für das er sein erstes Patent anmeldete. Das Datum der Patentschrift, der 28. März 1882, gilt zugleich als Gründungsdatum der Firma …«

Dies ist ein Ausschnitt aus einem Vorstellungsgespräch bei Beiersdorf und der Interessent hat seine Sache gut gemacht. Wenn Sie sich genauso gut präsentieren wollen, beschaffen Sie sich vorab aussagekräftige Informationen über das Unternehmen. Dabei helfen die folgenden Fragen:
- Von wem wurde das Unternehmen wann gegründet?
- Was waren die Produkte der Pionierphase?
- Welche Produkte kamen später hinzu?
- Wie entwickelte sich das Unternehmen?

- Fanden wichtige Übernahmen, Fusionen und/oder Veränderungen auf der Eigentümerseite statt?
- Gab es in der Firmengeschichte besondere Ereignisse wie spektakuläre Innovationen, Erfolge oder auch Rückschläge?
- Wer sind die wichtigsten Unternehmerpersönlichkeiten?

3.2 Typische Fragen zum Bildungsweg

Mit Fragen, die in diesen Themenbereich fallen, möchte ein Personalverantwortlicher feststellen, ob jemand auf dem Weg zum Ziel die Gerade als kürzeste Verbindung zwischen zwei Punkten gewählt hat oder ob er Umwege gegangen oder vielleicht in einer Sackgasse gelandet ist. Wer nicht gleich die Kurve gekriegt hat, sollte sich allerdings nicht verunsichern lassen und bedenken, dass auch nicht alle Personaler den geraden Weg gegangen sind und diesen nicht unbedingt favorisieren. Wer eingeladen wurde, muss sich zunächst keine Sorgen wegen eines eher krummen Bildungswegs machen – aber er kann sich alles durch unglückliche Antworten verderben.

»Warum haben Sie sich seinerzeit für diese Ausbildung entschieden?«
Für alle, die bereits Berufserfahrung nachzuweisen haben, reicht hier oft ein Satz als Antwort. Prüfen Sie einmal, was zu Ihnen und zur angestrebten Aufgabe passt:
- Ich habe den Rat meiner Eltern befolgt.
- Wir sind in der dritten Generation Bäcker.
- Ich war der Überzeugung, dass ich handwerklich arbeiten müsste.
- Mich haben Informationen auf dem »Girls' Day« überzeugt.
- Ein Freund hat mir die Ausbildung empfohlen.
- Ich war in der Schule in Mathematik gut.
- Ich möchte mit Menschen zusammenarbeiten – ich bin kontaktfreudig und kommunikativ.

Gar nicht gut ist es, die Frage mit einem »keine Ahnung« zu quittieren.

»Warum haben Sie nicht studiert?«
Bei der Beantwortung dieser Frage kann man schnell auf dünnes Eis geraten. Es gibt Bewerber, die die Überakademisierung der Gesellschaft beklagen oder ein Studium für reine Zeitverschwendung halten. Wenn der Interviewpartner ein Studium erfolgreich absolviert hat, macht man sich mit derartigen Einlassungen – auch wenn sie vielleicht teilweise berechtigt sind – eher unbeliebt. So können Sie sinngemäß antworten:

- »Nach der Schule wollte ich unbedingt praktisch arbeiten und habe mich deshalb für eine Ausbildung entschieden. Ein Studium hatte ich mir als Option zwar noch offengehalten, aber dann hat mir der Beruf so viel Spaß gemacht – und ich denke, ich werde auch so einen guten Weg machen.«
- »Ich habe lange darüber nachgedacht, welches Studienfach wohl zu mir passen könnte – bin aber nicht fündig geworden. Und irgendein Verlegenheitsfach wollte ich auch nicht wählen. Als mir dann ein Bekannter begeistert von seiner Ausbildung zum Schifffahrtskaufmann erzählt hat, dachte ich mir: »Ja, das ist es!« Wie es bei mir weiterging, haben Sie ja meinem Lebenslauf entnommen.«

Erzählen Sie nichts von überfüllten Hörsälen oder Geldmangel in der Familie.

»Warum haben Sie sich ausgerechnet für dieses Studium entschieden?«
Der Interviewpartner möchte von seinem Gegenüber wissen, wie er sich in schwierigen Entscheidungssituationen verhält, denn diese gilt es ja auch im Berufsalltag immer wieder zu bewältigen. Indirekt geht es um folgende Fragen:
- Hat sich der Bewerber bei der Suche nach dem Studienfach eher von persönlichen Neigungen leiten lassen oder gaben die vermuteten Berufschancen den Ausschlag?
- Inwiefern war der elterliche Einfluss ausschlaggebend?
- Wurde das Studienfach gewählt, weil es gerade in Mode war?
- Spielte der Numerus clausus eine Rolle?
- Hat jemand sein Traumfach nur deshalb nicht studiert, weil er dann den Wohnort hätte wechseln müssen?
- Welche Informationsquellen hat der Kandidat für die Entscheidungsfindung genutzt?

Es gibt Abiturienten, die ein bestimmtes Fach nur deshalb studieren, weil es strengen Zugangsbeschränkungen unterliegt und sie den nötigen Notendurchschnitt dafür vorweisen können – Tenor: »Du wärst doch dumm, bei deiner Abi-Note nicht Medizin oder Psychologie zu studieren.« Natürlich ist das kein gutes Motiv für die Berufswahl.

»Was empfiehlt Sie als Geisteswissenschaftler für eine Aufgabe in der Wirtschaft?«
Wer in einem Vorstellungsinterview diese Frage gestellt bekommt, kann davon ausgehen, dass es für den Gesprächspartner gute Gründe gibt, für bestimmte Aufgaben auch Absolventen eines geisteswissenschaftlichen Studiums in Erwägung zu ziehen. Wer dafür in eigener Sache keine einleuchtenden Argumente vorbringen kann, verringert seine Chancen, den Job zu bekommen. Man muss sich nun einmal seiner Stärken bewusst sein, um diese im Arbeitsleben nutzen

und entwickeln zu können. Wie das geht, zeigt das folgende Beispiel aus einer Bewerbung als PR-Assistentin:

> **Praxis-Beispiel**
>
> *Personaler:* »Was empfiehlt Sie als Geisteswissenschaftlerin für diese Aufgabe?«
> *Bewerberin:* »Natürlich habe ich mir überlegt, was ich für die Bewältigung der Aufgabe als PR-Assistentin mitbringe. Ich denke, dass erfolgreiche PR-Kampagnen nicht nur vom Produktwissen und von Marketingkenntnissen abhängen, sondern auch von der Fähigkeit, komplexe Fragestellungen auf den Punkt zu formulieren, konzeptionell-strategisch zu denken, zielgruppengerecht zu kommunizieren sowie Projekte und auch sich selbst vernünftig zu organisieren. Das alles kann man in einem geisteswissenschaftlichen Studium bei entsprechendem Engagement lernen und das könnte ich hier einbringen. Außerdem habe ich im Rahmen meiner Abschlussarbeit interessante empirische Zielgruppenanalysen durchgeführt. Und natürlich würde ich mir das nötige Wissen über Produkte und Marketinginstrumente schleunigst aneignen. Ich habe gelernt, wie man lernt.«

Zum Schluss noch einige Hintergrundinformationen für Geisteswissenschaftler. In den 1950er und 1960er Jahren wurden Führungspositionen in deutschen Unternehmen vorrangig mit Juristen besetzt. Dann entdeckte man den »homo oeconomicus« und die Betriebswirte machten das Rennen, wenn es um Managementpositionen ging.

Einstweilen hat sich herumgesprochen, dass es den »homo oeconomicus« gar nicht gibt, sondern dass Menschen kommen, wenn man Arbeitskräfte ruft. Mehr noch: Im Zeitalter der digitalen Revolution rückt der Mensch ins Zentrum der Wertschöpfungskette. Der Mitarbeiter als Persönlichkeit, in der »humanes Kapital« wie Bildung, Wissen und Fertigkeiten mit sozialer Kompetenz verschmelzen – das ist die Zukunft in einer sich immer schneller verändernden Wirtschaftswelt. Geisteswissenschaftler können hier zu einem gesunden personellen Mix von Hochleistungsteams beitragen.

> **Hinweis**
>
> Was zeichnet Geisteswissenschaftler aus?
> - Empathie für »humanes Kapital«: Da Mehrwert immer weniger aus Rohstoffen, Energie und herkömmlicher Arbeit entsteht, müssen Mitarbeiter auf neue Weise betrachtet werden. »Wer als einziges Instrument einen Hammer hat, neigt dazu, alles wie einen Nagel zu behandeln«, warnte einst der Motivationspsychologe Abraham Maslow. Wer Mitarbeiter allein durch die betriebswirtschaftliche Brille betrachtet, kann der Realität nicht gerecht werden.

Typische Fragen zum Bildungsweg 3

- Eine eher ganzheitliche Betrachtung von Strukturen und Prozessen: Genau hier gibt es in vielen Betrieben erhebliche Defizite, denn Mitarbeiter und Führungskräfte sind vorrangig immer noch auf Organisationseinheiten und Aufgaben fixiert (»Kästchendenken«).
- Beherrschung von Komplexität: Wer zum Beispiel als Student/in des Fachs Geschichte gelernt hat, Ereignisse sowohl in ihren Neben-, Fern- als auch Wechselwirkungen zu betrachten, der könnte diese Fähigkeit auf ein komplexes Wirtschaftsgefüge übertragen.
- Der Faktor Kultur bestimmt zunehmend den Geschäftsverlauf: Immer mehr Firmen müssen sich mit fremden Kulturen auseinandersetzen, wenn sie zukunftsfähig bleiben wollen. Interkulturelle Kompetenz ist eine Schlüsselqualifikation, die an Bedeutung gewinnt und mit der sich viele Geisteswissenschaftler empfehlen können.
- Unternehmenskultur gestalten: Diese Aufgabe ist aus betrüblichen Gründen heute hochaktuell und durchaus eine Herausforderung für Geisteswissenschaftler.

»Welchen Nutzen konnten Sie aus Ihren Praktika ziehen?«

Königsweg Praktikum, die eher abwertende Losung »Generation Praktikum« entspricht nämlich nicht der Realität. Das Praktikum ist und bleibt eine gute Möglichkeit, um die eigenen Talente und Motive zu erforschen. Eine vierwöchige unentgeltliche Mitarbeit kann durchaus zum Traumberuf führen.

> **Praxis-Beispiel**
>
> Auf die Frage nach den Nutzen von Praktika überzeugt diese Antwort: »Ich habe mit meinen Praktika gute Erfahrungen gemacht. Bereits für meine Berufswahl war ein Praktikum, das ich als Schüler gemacht habe, ausschlaggebend – das bei einer Reederei. Die Mitarbeiter dort haben sich sehr um mich bemüht. Ich durfte ernsthaft mitarbeiten und hatte zum ersten Mal das Gefühl, so richtig für voll genommen zu werden. Es ging damals, ich weiß es noch genau, um die Zuteilung der Bordmannschaft für die einzelnen Containerschiffe weltweit. Das hat mich später bewogen, in dieser Reederei eine Ausbildung zum Schifffahrtskaufmann zu machen und danach BWL mit Schwerpunkt Logistik zu studieren. Ich habe noch heute freundschaftliche Kontakte zu den Mitarbeitern.«

Schauen Sie sich Ihre Praktikumszeugnisse vor dem Vorstellungsgespräch noch einmal genau an. Meist findet sich ein guter Ansatz, um die Frage nach dem persönlichen Nutzen von Praktika zu beantworten. Zugleich werden Ihnen Argumente für die Frage nach den persönlichen Stärken an die Hand gegeben. Tenor: »Wie Sie meinen Unterlagen sicher entnommen haben, wurde mir in meinen Praktikumszeugnissen Leistungsbereitschaft, Belastbarkeit und Teamfähigkeit bescheinigt.«

»Sind Sie ein Generalist oder eher ein Spezialist?«

Ein Spezialist ist einem Bonmot zufolge jemand, der alles über nichts weiß, und ein Generalist ist jemand, der nichts über alles weiß. Wer bei der Antwort in das eine oder andere Extrem geht, kann seine Chancen gefährden. Der erste Schritt zu einer positiv zu bewertenden Antwort besteht darin, die Aufgabe, um die es geht, richtig einzuschätzen.

> **! Praxis-Beispiel**
>
> Sie könnte lauten: »Neben der Wirtschaftsinformatik habe ich im Rahmen eines Austauschprogramms ein Semester »Internationales Marketing« in Madrid studiert. Für mich war es immer wichtig, meine Kernkompetenz, die Informatik, durch zusätzliche Qualifikationen zu ergänzen. In diesem Sinne bin ich sicher generalistischer aufgestellt als ein reiner Informatiker. Ich halte dies auch für einen Wettbewerbsvorteil.«

Wer Wirtschaftsinformatik studiert, sieht sich beruflich ja eher in einer Schnittstellenfunktion. Dafür ist neben der Fachkompetenz die Fähigkeit erforderlich, bereichsübergreifend zu denken. Der Bewerber ist daher mit seiner oben zitierten Antwort auf der sicheren Seite.

Natürlich muss ein Debitorenbuchhalter fit in Debitorenbuchhaltung sein, aber er muss ebenso kunden- und ergebnisorientiert denken und handeln können. Idealerweise ist er fachlich und mental auch noch so breit aufgestellt, dass er im Bedarfsfall zu den Kreditoren oder in die Lohnbuchhaltung wechseln könnte. Flexibilität bestimmt ganz erheblich den persönlichen Marktwert. Und das ist zum Beispiel eine fachübergreifende beziehungsweise »generalistische« Qualifikation.

»Wo möchten Sie beruflich in fünf Jahren stehen?«

Unternehmen suchen Mitarbeiter, die zunächst einmal zu einer Aufgabe passen – für Karrieristen sind keine Planstellen vorgesehen. Doch sehr wohl gibt es bisweilen Platz für Nachwuchskräfte, die eines Tages über ihre Aufgabe hinauswachsen und mehr Verantwortung übernehmen können und wollen. Die Frage nach den persönlichen Entwicklungswünschen kann in zwei Richtungen zielen:
- Das Unternehmen möchte die fragliche Position sehr gerne langfristig besetzen, das heißt, man möchte nach drei Jahren nicht wieder vor einem Personalproblem stehen. Und dies wäre bei einem Bewerber sicher der Fall, der die besprochene Position nur als Sprungbrett für den nächsten Karriereschritt sieht.
- Die zu besetzende Position eignet sich sehr gut für die Entwicklung beziehungsweise Rekrutierung von Führungskräften. Wer hier keine Ambitionen andeutet, kommt als Bewerber kaum infrage.

> **Praxis-Tipp**
> Alfred Herrhausen, der 1989 von der RAF ermordete Sprecher der Deutschen Bank, hat zu diesem Thema einmal einen bemerkenswerten Rat gegeben: Konzentrieren Sie sich als Berufseinsteiger nicht so sehr auf die Frage »Was kann ich werden?«, sondern auf die Frage »Was kann ich tun?«. Wer sich mit aller Kraft um das kümmert, was hier und heute zu leisten ist, braucht sich um seine berufliche Entwicklung keine großen Gedanken zu machen.

In diesem Sinne könnte man etwa so antworten: »Wo ich in fünf Jahren stehen möchte? Wissen Sie, für mich ist erst einmal die Frage entscheidend, was ich hier tun kann – und weniger, was ich hier einmal werden kann.« Wenn dann hinsichtlich längerfristiger Entwicklungswünsche vom Gegenüber nachgefasst wird, kann man bezüglich der persönlichen Zukunftspläne deutlicher werden. Zum Beispiel:

- »Ich sehe mich einmal an einer verantwortlichen Stabsstelle.«
- »Ich sehe meine Zukunft im anspruchsvollen Projektmanagement.«
- »Ich würde gern einmal Personalverantwortung übernehmen.«
- »Mein Ziel wäre ein Auslandseinsatz.«
- »Mittelfristig könnte ich mir eine Aufgabe im Außendienst vorstellen.«

Die kecke Antwort, man sähe sich in fünf Jahren auf dem Stuhl seines Gesprächspartners, beeindruckt einstweilen niemanden mehr.

»Warum haben Sie an einer Privathochschule studiert?«

Personaler unterteilen Absolventen von Privathochschulen in zwei Gruppen. Zur einen gehören diejenigen, die von ihren betuchten Eltern animiert wurden, eine derartige Lehranstalt zu besuchen, zur zweiten diejenigen, die sich aus Überzeugung für eine private Institution entschieden haben und vielleicht sogar von einem Stipendium ihres Arbeitgebers oder einer Handelskammer profitieren konnten. Vor diesem Hintergrund ist verständlich, dass ein Personaler gern wissen möchte, mit wem er es hier zu tun hat.

> **Praxis-Beispiel**
> Folgende Antwort auf die Frage »Warum haben Sie an einer Privathochschule studiert?« ist riskant: »Privatwirtschaftlich organisierte Bildungseinrichtungen arbeiten einfach effizienter und ergebnisorientierter. Ein Examen ist deshalb mehr wert. Immerhin zahlt man ja auch gut 500 Euro Studiengebühren im Monat.«

Personaler, die an einer staatlichen Hochschule – wenn überhaupt – studiert haben, werden über diese Antwort wenig amüsiert sein.

> **Praxis-Beispiel**
>
> Mit dieser Antwort tritt man niemandem auf die Füße: »Die private Fachhochschule, an der ich Wirtschaftsinformatik studiert habe, sah im Verlauf des Studiums einen zweisemestrigen Aufenthalt wahlweise an Partneruniversitäten in Barcelona, Malaga oder Edinburgh vor. Das fand ich gut. Außerdem musste man eine Aufnahmeprüfung machen – Aufsatz, Rechenaufgaben, persönliches Vorstellungsgespräch –, das hat mich herausgefordert. Und als ich die bestanden hatte, habe ich mir gesagt, was für eine Chance, die musst du nutzen – und habe mich angestrengt. Natürlich bin ich meinen Eltern dankbar, dass sie mich unterstützt haben.«

»Gab es ein Schlüsselerlebnis für Ihre berufliche Ausrichtung?«
Es kommt nicht gut an, auf diese Frage begriffsstutzig mit »Wie bitte?« zu reagieren. Was aber ist ein Schlüsselerlebnis? Schlüsselerlebnisse sind laut Sigmund Freud, dem Begründer der Psychoanalyse, von größter Bedeutung für die persönliche Entwicklung eines Menschen. Durch ein Schlüsselerlebnis erschließen sich für den eigenen Lebensweg oft neue, bisher unbekannte Möglichkeiten. Entscheidungen, denen ein wirklich tiefes Schlüsselerlebnis zugrunde liegt, sind meistens endgültig – und in der Regel auch von Erfolg gekrönt. Deshalb wird diese Frage von kompetenten Personalern im Vorstellungsinterview gern gestellt. Nun sollten Bewerber freilich kein Schlüsselerlebnis erfinden, aber sie können ihre Vergangenheit durchforsten – gewiss gibt es das eine oder andere Ereignis, das in diese Richtung zu interpretieren wäre.

Wodurch kann denn ein Schlüsselerlebnis ausgelöst werden? Hier einige Beispiele, die Sie inspirieren könnten:
- Buchtitel
- Film
- Reise
- Bekanntschaft
- Gespräch
- Projekt
- Praktikum
- Seminar
- Schicksalhaftes Ereignis

> **Praxis-Beispiel**
>
> »Als wir 1972 im Rahmen der Mitbestimmungsdebatte zu einem Hearing im Deutschen Bundestag eingeladen wurden, waren wir noch absolute Nobodys. Wir glaubten, dass diese Herrschaften in der Kaffeepause mal zu uns kommen, um mit uns zu reden – doch nichts dergleichen geschah.« Das war das entscheidende Schlüsselerlebnis für den »Bauernbub aus dem mittleren Neckartal«, wie sich Herbert Henzler, Ex-McKinsey-Chef, einmal selbst bezeichnet hat. Er schrieb folgenden Satz in sein

Tagebuch: »Entweder habe ich eine Chance, das zu ändern, oder ich muss mir bald einen anderen Wirkungskreis suchen.« McKinsey wurde durch Herbert Henzler in Deutschland zum Inbegriff einer erfolgreichen Unternehmensberatung.

3.3 Fragen nach Unebenheiten im Werdegang

Viele Bewerber gehen mit der Sorge ins Vorstellungsinterview, dass sie Unebenheiten im Lebenslauf wie Lücken, schlechte Noten, einen Studienabbruch oder eine vergeigte Probezeit nicht hinreichend erklären können oder dass ihnen die Begründung nicht abgenommen wird. Sie warten dann geradezu auf die peinliche Befragung und bescheren sich damit einen hohen Adrenalinspiegel.

> **Praxis-Tipp**
>
> Wer agiert, ist in einer besseren psychologischen Position als jemand, der reagieren muss. Warten Sie also nicht ab, bis das prekäre Thema aufkommt, sondern sprechen Sie es bei passender Gelegenheit selbst an – am besten, wenn Sie gebeten werden, Ihren Werdegang noch einmal zu rekapitulieren. Beispiel: »Sie haben meinen Unterlagen sicher entnommen, dass ich in der letzten Firma nur sechs Monate war. Ich habe die Aufgabe falsch eingeschätzt – sie passte gar nicht zu meinen Vorstellungen –, daher habe ich die Reißleine gezogen und mich einvernehmlich getrennt. Das passiert mir aber nicht noch einmal.«
> Oder: »Wie Sie gesehen haben, war ich relativ lange an der Uni. Zum Studienbeginn war ich etwas orientierungslos, das hat Zeit gekostet. Und später habe ich eine Menge Energien in studienbegleitende und außeruniversitäre Aktivitäten investiert. Das war mir wichtig und ich konnte dabei schon einige interessante Erfahrungen sammeln.«

Bei den als unbequem empfundenen Fragen geht es meist um die kleinen oder größeren Kalamitäten im Lebenslauf, die mancher als Makel empfindet und als seelische Last mit sich herum schleppt. Das muss nicht so sein. Lesen Sie hier das Bekenntnis von jemandem, der als Erfolgsmensch gilt: »Niemand ist so oft an einem Achttausender gescheitert wie ich. Und nur diese Niederlagen haben mir zuletzt den Erfolg gebracht. Ich habe dreißig Expeditionen unternommen, um alle vierzehn Achttausender zu besteigen. Zwölfmal bin ich gescheitert, achtzehnmal bin ich zum Gipfel gekommen. Wenn ich bei den vierzehn Achttausendern am Ende Erfolg hatte, dann auch deshalb, weil ich öfter als alle anderen wieder angefangen habe, wenn ich gescheitert war.« Dieses Bekenntnis stammt von Reinhold Messner.

Wenn Ihr Lebenslauf ebenfalls Niederlagen aufweist, gibt es keinen Grund, gebeugt in ein Vorstellungsgespräch zu gehen. Sie müssen allerdings in der Lage sein, das Gute am Schlechten auf den Punkt zu bringen. Hier ist der Volksmund bekanntlich ein guter Ratgeber der Psychologie, wenn er davon spricht, dass man sein »Lehrgeld bezahlt hat«. Und oftmals sind es durchlebte Krisen, Misserfolge, Niederlagen und traumatische Erfahrungen, die das Potenzial zur Veränderung in sich tragen und einen Neubeginn als Schritt in ein besseres Leben überhaupt erst ermöglichen.

Der perfekte Lebenslauf ist nicht unbedingt das Ziel der Sehnsüchte von Personalern. Erfahrene Personalbeschaffer wissen, dass ein Prädikatsexamen nach einer kurzen Studiendauer keineswegs den zukünftigen Berufserfolg garantiert. Und deshalb kann trotz einiger Unebenheiten im Werdegang die Einladung zu einem Vorstellungsgespräch erfolgen. Allerdings darf man bei bestimmten Fragen nicht schwächeln. Und darum geht es in diesem Kapitel.

»Entsprechen Ihre Noten und Zeugnisse Ihrem Leistungsvermögen?«

Diese Frage ist natürlich unerfreulich, wenn man bescheidene Noten vorzuweisen hat. Der Fragende möchte wissen, ob und wie Sie zu den Defiziten im Werdegang stehen und wie Sie diese begründen.

> **Praxis-Beispiel**
>
> Diese Antwort wirkt eher abschreckend: »Na ja, wer ist schon mit jeder einzelnen Note zufrieden. Manchmal erwischt man bei Prüfungen ja auch einen schlechten Tag und bei manchen Fächern sind die Beurteilungskriterien auch recht verschwommen. Und im Fach Finanzwirtschaft fühle ich mich ungerecht beurteilt – der Professor mochte mich ganz einfach nicht.«

Der Bewerber flüchtet in Gemeinplätze. Außerdem wird nichts von Vorgesetzten mehr gehasst, als Schuldzuweisungen gegenüber Dritten. Wer sich bereits als Bewerber hinsichtlich seiner schlechten Ergebnisse herauszureden versucht, nährt die Befürchtung, dass er im Job ebenso verfahren wird.

> **Praxis-Beispiel**
>
> Eine geradlinige Antwort wäre diese: »Ich weiß – mit meinen Noten kann ich nicht gerade beeindrucken. Ich hätte da durchaus noch zulegen können. Das ärgert mich jetzt natürlich, denn ich denke schon, dass ich deutlich mehr kann, als meine Zeugnisse belegen. Vor allem in der Schulzeit bestand mein Problem manchmal darin, dass ich nicht so recht eingesehen habe, was ich warum lernen sollte. Das hat meine Leistungsfreude nicht gerade beflügelt. Leider. Aber inzwischen ist bei mir der Knoten geplatzt.«

Die Frage nach den Misserfolgen kann sich auch auf die Arbeitszeugnisse aus früheren Beschäftigungsverhältnissen beziehen. Hier kann man natürlich nur verstehen, was gemeint ist, wenn man Arbeitszeugnisse richtig interpretiert. Manche Bewerber geben sich da ahnungslos.

> **Praxis-Beispiel**
> Gut pariert hat dieser Bewerber: »Sie sprechen vermutlich mein vorletztes Arbeitszeugnis an. Ich bin aus der damaligen Firma ja bereits nach gut einem Jahr wieder ausgeschieden, weil ich mit meinem Vorgesetzten nicht klar kam. Es gab häufig Missverständnisse und offenbar hatte er Erwartungen, die ich nicht hundertprozentig erfüllen konnte. Ich wollte am Ende auch keinen Streit mehr und habe die Formulierung »zu unserer vollen Zufriedenheit« im Arbeitszeugnis akzeptiert.«

Der Bewerber weiß, dass sich eine uneingeschränkt gute Beurteilung in Formulierungen wie »stets zu unserer vollen Zufriedenheit« oder »stets zu unserer vollsten Zufriedenheit« zeigt. Grämen Sie sich nicht, wenn Sie die letztere Formulierung nicht vorweisen können. Es gibt Personaler, die sich weigern, Derartiges in ein Zeugnis zu schreiben. Wenn ein Glas voll ist, geht nicht mehr hinein. An dieser Stelle folgen ein paar Deutungshilfen, die den Umgang mit Zeugnissen erleichtern:

- »Die von Herrn K. während der über zweijährigen Tätigkeit für unser Unternehmen erzielten Erfolge fanden unsere volle Anerkennung.« Insider lesen diesen Satz so: »Wir haben alles getan, um den Mann zu motivieren. Es war vergeblich.«
- »Seine Kontaktfähigkeit und die Art des Umgangs mit unseren Kunden haben wir geschätzt.« Für Freunde einer klaren Aussprache heißt das: »Netter Kerl – doch leider ist nichts dabei herausgekommen.«
- »Herr J. war immer sehr fleißig und hat …« Eine nette Umschreibung für Begriffsstutzigkeit.
- Verben sind im Arbeitszeugnis manchmal recht hintersinnig: »Die Arbeiten, die er *aufgriff* …« = aber nicht erledigte!
- »Wir *bescheinigen* ihm gern, dass …« = aber nur, weil er es forderte!
- »Er *kümmerte* sich auch um …« = doch leider zu wenig!
- Die Verben »streben« oder »bemühen« laufen auf ein vernichtendes Urteil hinaus. Zweifel an der Qualifikation eines Bewerbers nährt beim kundigen Zeugnisleser die Orakel-Technik. Etwa: »Herr A. hat sich im Rahmen seiner Fähigkeiten …« Überfordert?! Oder: »Frau B. hat alle Aufgaben in der ihr eigenen Sorgfalt …« Chaotin?!
- »Das Verhalten gegenüber den Kolleginnen und Kollegen war stets einwandfrei.« Und wie war das mit den Vorgesetzten?
- Prüfen Sie auch, ob in einem Ihrer Zeugnisse die »Bedauernsformel« fehlt (»Das Ausscheiden von Frau Y bedauern wir sehr.«). Wenn ja, könnten Sie gefragt werden, ob Sie sich mit Ihrem Vorgesetzten angelegt haben.

»Warum haben Sie so lange studiert?«

Im Folgenden finden Sie die üblichen Gründe für ein überdurchschnittlich langes Studium:

- Falsches Studienfach
- Schlechte Planung und Selbstorganisation
- Zwischenzeitlicher Wechsel des Studienfachs
- Freizeitorientierte Schonhaltung – nur das Nötigste mit gebremstem Schaum
- Viele außeruniversitäre Interessen
- Studienbegleitende Jobs, um sich einen gewissen Lebensstandard leisten zu können
- Politisches Engagement in Parteien oder der universitären Selbstverwaltung
- Ehrenamtliche Tätigkeiten
- Zusätzliches Studium von Neben- und Neigungsfächern
- Diverse umfangreiche Praktika
- Auslandsstudium beziehungsweise -aufenthalte

> **Praxis-Beispiel**
>
> Thomas T. hat zunächst diverse Semester Romanistik und dann 14 Semester Informatik studiert und mit einem guten Examen abgeschlossen. Er wurde vor allem wegen seiner ausgezeichneten Praktikantenzeugnisse eingeladen. Natürlich wird die lange Studiendauer angesprochen. Den Abbruch des Germanistikstudiums begründet er mit vermeintlich schlechten Berufschancen und die 14 Informatiksemester mit überfüllten Hörsälen. Außerdem hätte er jobben müssen, weil seine Eltern ihn finanziell nicht unterstützen wollten. Das ist keine gute Begründung.

Die meisten Bewerber begründen den Abbruch einer Ausbildung oder eines Studiums damit, dass Ihnen Zweifel an der Zukunftsfähigkeit des Berufsbildes gekommen seien. Sie widersprechen damit allerdings einem alten Erfolgsrezept: Wer für eine Sache brennt, der zieht sie durch und macht dann auch einen guten beruflichen Weg.

Völlig unklug ist der Hinweis auf die Studienbedingungen, die nicht so sind, wie sie sein sollten. Dieser Umstand trifft bekanntlich (fast) alle Studierenden. Die wirklich Guten, so wird der unausgesprochene Einwand vieler Entscheidungsträger in Personalangelegenheiten lauten, absolvieren ihr Studium in angemessener Zeit und mit guten Resultaten auch und gerade unter widrigen Bedingungen.

Fragen nach Unebenheiten im Werdegang

Praxis-Beispiel

Die folgende Antwort auf die Frage »Warum haben Sie so lange studiert?« ist für viele Personaler völlig in Ordnung: »Ich weiß – die Sache hat sich ganz schön in die Länge gezogen. Aber mir ging es nicht darum, möglichst schnell die Credit-Points zusammen zu bekommen, sondern ich wollte mich fachlich und auch in meinen Erfahrungen in die Breite entwickeln. So habe ich mich zum Beispiel sehr bei AIESEC engagiert – bekanntlich die größte Studentenorganisation, die unter anderem weltweit Auslandspraktika anbietet. Ich habe im Lokalkomitee Bavaria mitgearbeitet. Solche und andere Aktivitäten haben mir auch persönlich sehr viel gebracht.«

»Warum haben Sie Ihr Studium abgebrochen?«

In Deutschland beginnen jährlich etwa 500.000 Frauen und Männer hoffnungsfroh ein Studium. Und dann schieben nicht wenige Frust. Für die Studienanfänger in einem Bachelorstudium liegt der Umfang des Studienabbruchs über alle Hochschularten und Fächer bei 28 Prozent. Das heißt: 28 von 100 Studienanfängern brechen ihr Studium ab.

Das ist ein unguter Zustand, auch wenn sich manche Studienabbrecher in bester Gesellschaft wähnen. Der TV-Star Günther Jauch gehört ebenso zu dieser Personengruppe wie der Unternehmer Erich Sixt und Superprominente wie Steven Spielberg und Madonna. Dennoch sei darauf hingewiesen, dass nur aus den wenigsten Studienabbrechern am Ende Millionäre werden.

Erfreulich ist das alles also nicht, aber es gibt ja oft auch etwas Gutes am Schlechten. Festzustellen ist, dass ein Studienabbrecher heute nicht mehr als verkrachte Existenz gilt, sondern dass sich für dieses »krumme Holz« (Immanuel Kant) einstweilen ein spezifischer Arbeitsmarkt entwickelt hat. Das Plus kann man auf den folgenden Nenner bringen: Diese Menschen haben sich auf ihrem Werdegang verlaufen, den Mut gehabt, sich zu korrigieren, und dann meist einen zweiten Bildungsweg eingeschlagen. Derartige Profile passen besonders gut zu diversen Aufgaben, in denen ein Mitarbeiter durch »Trial and Error« vorankommt.

Das soll als mentale Einstimmung auf die Frage nach den Gründen für den Studienabbruch erst einmal reichen. Doch was können Bewerber konkret antworten?

> **! Praxis-Tipp**
> Auch hier gilt der Grundsatz, nicht andere oder die Umstände vorzuschieben. Wer den Willen hat und intellektuell nicht ganz minderbemittelt ist, kann heutzutage ein Studium durchziehen. Und so gibt es hier nicht viel zu tricksen und zu beschönigen, sondern es gilt, ein offenes Bekenntnis abzulegen: »Ja, ich habe eine Fehlentscheidung bei der Wahl meines Studienfachs getroffen und dies korrigiert. Und darüber bin ich jetzt sehr froh, denn ich habe inzwischen meinen Weg gefunden. Im Übrigen habe ich während meines Studiums durchaus auch das eine oder andere gelernt.«

»Ich stelle für bestimmte Aufgaben nur Leute ein, die mal vom Pferd gefallen sind«, bekannte einmal Jürgen Heraeus, ehemals Aufsichtsratsvorsitzender des gleichnamigen Technologie-Konzerns. Und er fügte hinzu: »Stolpern fördert!« Deshalb frage er im Bewerbungsgespräch immer auch nach der größten Niederlage. »Denn Misserfolge«, so Heraeus, »bringen einen weiter.« Dem ist nichts hinzuzufügen.

»Warum waren Sie eigentlich niemals im Ausland?«

Viele Nachwuchskräfte waren schon während der Schulzeit und erst recht später als Studierende in anderen Ländern. Wer das in seinem bisherigen Werdegang nicht aufzuweisen hat, wird meist danach gefragt. Und da heißt es aufgepasst! Der stille Vorwurf, nicht in die Strümpfe gekommen zu sein, ist das eine – aber durch eine ungeschickte Antwort können Sie sich zudem den Vorwurf mangelnden Engagements einhandeln.

Die meisten Bewerber argumentieren nämlich jetzt, dass sie beziehungsweise ihre Eltern nicht die Mittel hatten, um einen Auslandsaufenthalt zu finanzieren. Natürlich fragt der erfahrene Personaler nach, bei welcher Organisation man sich denn um ein Stipendium beworben habe und was daraus geworden sei. Entweder muss der Bewerber nun einräumen, dass er sich gar nicht um ein Stipendium gekümmert hat oder aber abgelehnt wurde. Angesichts der Vielzahl von Sponsoren und der Großzügigkeit bei der Mittelzuteilung ergibt dies kein gutes Bild. Es existieren – kaum zu glauben – 2.300 Stipendienprogramme und wer sich ernstlich bemüht, findet etwas Passendes. Wer sich nicht um Förderung bemüht hat, sollte lieber einräumen, dass er seinerzeit den Wert eines Auslandsaufenthalts falsch eingeschätzt hat und diesbezüglich zukünftig absolut mobil sei.

»Warum wollen Sie sich nach knapp einem Jahr schon wieder verändern?«

In den 1990er Jahren wurde der Begriff »Mobbing« erfolgreich in Deutschland eingeführt. Der Siegeszug dieses Wortes hängt damit zusammen, dass man sich dieses Phänomen zunutze machen kann, denn es teilt die Arbeitswelt in gute und böse Kollegen auf. Auf der einen Seite steht der bedauernswerte Mensch, der »gemobbt« wird, auf der anderen Seite finden sich die fiesen Kollegen und Vorgesetzten. Früher gab es im deutschen Sprachraum keinen Begriff, mit dem sich die Betreffenden exkulpieren konnten, wenn sie in der Firma häufig Zoff hatten. Im Vorstellungsgespräch hört sich das heute häufig so an: »Offen gesagt – man veranstaltet ein übles Mobbing gegen mich. Und das will ich mir nicht länger antun.«

> **Achtung**
> Betrachten Sie die folgenden Antworten als ungeeignet, wenn es um die Frage nach dem schnellen Wechsel geht. Diese Gründe überzeugen nicht:
> - »Man hat mir bei der Einstellung alles Mögliche versprochen.«
> - »Ich habe keine Entscheidungsfreiräume.«
> - »Ich sehe keine berufliche Perspektive.«
> - »Die Fahrt zwischen Wohnung und Arbeitsplatz ist zu lang.«
> - »Ich kann die Geschäftspolitik nicht verantworten.«

Personaler kennen die folgenden Gründe für einen vorzeitigen Wechsel:
- Der Bewerber hat die neue Aufgabe falsch eingeschätzt und fühlt sich unter- oder überfordert.
- Der Bewerber hat das soziale Umfeld falsch eingeschätzt. Er kommt mit den Kollegen und seinem Vorgesetzten nicht klar.
- Der Bewerber hat die Arbeitsbedingungen und besonderen Erschwernisse wie häufige Reisen und Abwesenheitszeiten unterschätzt.
- Der Bewerber ahnt oder weiß, dass er seine Zukunft im Unternehmen längst verspielt hat.

> **Praxis-Beispiel**
> Eine akzeptable Antwort auf die Frage, warum jemand ein Unternehmen nach knapp einem Jahr schon wieder verlassen will, lautet: »Ich musste zunehmend feststellen, dass ich mich leider für die falsche Aufgabe entschieden habe. Am Anfang schien alles zu stimmen – vor allem kam und komme ich mit den Kollegen ausgezeichnet zurecht und mit meinem Vorgesetzten stimmt die Chemie auch. Aber ich sitze beruflich einfach im falschen Zug und möchte deshalb keine weitere Zeit mehr verlieren und umsteigen. Ich habe mich bei meiner Entscheidung damals zu sehr von den Umfeldbedingungen beeinflussen lassen und zu wenig nach den Inhalten gefragt. Das passiert mir nicht noch einmal.«

»Warum wurden Sie nach der Probezeit nicht übernommen?«
Eine Kündigung kann durch betriebliche Maßnahmen notwendig werden oder durch das Verhalten des Mitarbeiters selbst verschuldet sein. Letzteres interessiert den Interviewer natürlich ganz besonders. Ist die Aufgabe innerhalb der

Probezeit aufgrund einer nicht vorhersehbaren Restrukturierung weggefallen oder ist der Mitarbeiter aufgrund von Leistungs- oder Verhaltensdefiziten beizeiten verabschiedet worden?

> **! Praxis-Beispiel**
>
> Diese Antwort ist unbefriedigend: »Ich habe mit meinem Vorgesetzten ein ausführliches Gespräch geführt und wir sind uns einig geworden, dass es für mich eine meinen Ambitionen entsprechende Perspektive nicht gibt. Ich wollte unter diesen Bedingungen dann auch nicht mehr bleiben, denn was hat ein Betrieb von einem Mitarbeiter, der seine Zukunft langfristig ja doch woanders sieht. Wir haben uns dann im besten Einvernehmen getrennt.«

Das hört sich zwar ganz gut an, ist aber wenig überzeugend. Nach drei oder sechs Monaten kann die Frage nach den weiteren Entwicklungsmöglichkeiten noch nicht gestellt werden. Es muss erst einmal gearbeitet und Leistung gezeigt werden. Im Übrigen ist die Einlassung des Bewerbers, dass er sich dem Betrieb nicht länger zumuten könne, weil er ja doch auf dem Sprung sei, unglaubwürdig. So viel Sorgen muss sich ein Neuer um seinen Arbeitgeber nun auch wieder nicht machen.

> **! Praxis-Beispiel**
>
> Diese Antwort hingegen ist glaubwürdig: »Den wahren Grund habe ich möglicherweise nicht erfahren – aber ich glaube, dass mein Chef sich einfach einen anderen Assistenten vorgestellt hat und dass ihm dies in der Probezeit immer deutlicher geworden ist. Als Assistent arbeitet man ja mit seinem Vorgesetzten sehr eng zusammen – oft geht das weit in den Abend hinein – und da haben wir uns wohl in den Vorstellungsinterviews falsch eingeschätzt. Ein Konfliktpunkt ist mir allerdings schon bewusst. Ich muss sehr viele Protokolle auf Sitzungen und Meetings schreiben und da ist er mit mir eigentlich nie so recht zufrieden. Die Aufgabe liegt mir aber zugegebenermaßen auch nicht. Ich finde es natürlich schade, dass die Sache ein Flop wurde, aber nun schaue ich nach vorn.«

Personalexperten kennen die folgenden Gründe für ein Ausscheiden während der Probezeit:
- Arbeitsverweigerung
- Grobe Beleidigung
- Mehrfach zu spät gekommen
- Büromaterial »zweckentfremdet«.
- Mehrfach trotz Verbot am Arbeitsplatz geraucht
- Persönlichkeit des neuen Mitarbeiters falsch eingeschätzt
- Leistungsverhalten falsch eingeschätzt
- Überforderung durch die Aufgabe

- Teamfähigkeit falsch eingeschätzt
- Unrealistische Vorstellungen des Mitarbeiters von der Aufgabe und/oder vom Unternehmen (Betriebsklima)
- Inkompatible Charaktere von Mitarbeiter und Vorgesetztem
- Interessantes Angebot an den Mitarbeiter während der Probezeit von einer anderen Firma

In der Probezeit kann der Arbeitgeber ohne Angabe von Gründen kündigen. Wen dies betrifft, der ist gut beraten, Ursachenforschung zu betreiben, um zu vermeiden, dass die gleichen Fehler noch einmal vorkommen.

»Warum haben Sie gekündigt, ohne einen neuen Job zu haben?«
Wer kündigt, ohne dass der neue Job in trockenen Tüchern ist, schafft Erklärungsbedarf. Normalerweise versucht man ja, sich aus einem ungekündigten Arbeitsverhältnis heraus zu verändern. Kein Wunder, dass ein Personaler hier die eine oder andere Unebenheit im Verhalten eines Bewerbers wittert. Er möchte daher nachvollziehbare Argumente hören. Immerhin gibt es Menschen, die unter Druck zu Kurzschlussreaktionen neigen, und das ist bei bestimmten Aufgaben gar nicht zu gebrauchen.

Praxis-Beispiel
Die Frage danach, warum jemand ohne einen neuen Job gekündigt hat, sollte nicht so beantwortet werden: »Das ist leicht zu erklären. Ich kann es Ihnen ja sagen: Ich war ständig Opfer von Intrigen und das wollte ich mir nicht länger antun. Im Grunde war mein Gehalt nichts anderes als Schmerzensgeld. Und mein Vorgesetzter hat mich im Regen stehen lassen. Es gab von seiner Seite keinerlei Rückendeckung. Natürlich hätte ich mich wehren können, aber ich wollte auch niemanden anschwärzen. So habe ich mir gesagt, jetzt musst du die Reißleine ziehen, sonst gehst du seelisch vor die Hunde. Und das habe ich getan.«

Dieser Ton von Klage und Anklage kommt nicht gut an.

Praxis-Beispiel
Vorbildlich ist hingegen diese Antwort: »Zunächst ging alles ganz gut. Aber dann kam eine Reorganisation und Neuverteilung der Aufgaben und das Ergebnis ging völlig an meinen Neigungen und auch an meinem Leistungsprofil vorbei. Da trotz diverser Gespräche keine Änderung möglich war, habe ich von mir aus die Konsequenzen gezogen. Natürlich hätte ich mich arrangieren können – aber es war mir allemal anzusehen, dass mir das alles überhaupt nicht schmeckte. Ich wollte dann lieber einen klaren Schnitt, habe meine Nachfolgerin noch eingearbeitet und bin gegangen. Das Ganze ist kein Ruhmesblatt in meinem Werdegang, aber es liegt in meiner Natur, nach vorn zu schauen. Ich weiß, was ich kann.«

»Warum wollen Sie denn nach fast zehnjähriger Betriebszugehörigkeit wechseln?«

Was antwortete einmal ein Bewerber auf diese Frage? »Wissen Sie – wenn man länger als zehn Jahre in einem Unternehmen arbeitet, ist man ausgebrannt. Den meisten fällt dann doch nichts mehr ein. Dieses traurige Schicksal möchte ich mir ersparen und deshalb will ich mich rechtzeitig verändern.«

An dieser Begründung mag etwas dran sein, aber wie kommt sie an, wenn der Interviewpartner auf sein 25-jähriges Betriebsjubiläum stolz ist? Einen größeren Fettnapf kann man sich kaum aussuchen, denn dem Mitarbeiter wurde ja vom Bewerber gerade bescheinigt, dass er sich längst auf dem Weg der Verblödung befindet. Auch hier zeigt sich, dass Einfühlungsvermögen eine sehr wichtige Schlüsselqualifikation ist. Im Folgenden finden Sie Gründe, die einen Wechsel nach längerer Zeit nachvollziehbar machen:

- Restrukturierungsmaßnahmen im derzeitigen Unternehmen führen zu Arbeitsplatzabbau sowie Veränderungen der Zuständigkeiten und der Aufgabeninhalte.
- Ein Mitarbeiter möchte neue Erfahrungen sammeln und seine Zukunftsfähigkeit verbessern.
- Jemand hat den Wunsch, sich von der einst gewählten Branche unabhängig zu machen.
- Das Streben nach direktem (statt nur indirektem) Kundenkontakt.
- Die Vorstellung, stärker konzeptionell-strategisch zu arbeiten.
- Ein Mitarbeiter möchte Erfahrungen in einem mittelständischen Betrieb oder in einem Konzern sammeln.
- Man strebt den Schritt in die Personalverantwortung an.
- Das Einkommen soll sich erhöhen.
- Ein Bewerber hat durch Weiterbildungsmaßnahmen oder ein berufsbegleitendes Studium zusätzliche Qualifikationen erworben und möchte diese nutzen.
- Die Lust auf einen Aufbruch zu neuen Ufern treibt einen an.

Bei bestimmten Argumenten sollten Sie aber aufpassen, dass Sie nicht in einen Konter laufen. Hier einige Beispiele:
- »Ich möchte mich gehaltlich verbessern.«
- »Ich möchte mehr konzeptionell-strategische Aufgaben übernehmen.«
- »Ich möchte mehr Kundenkontakt haben.«
- »Ich möchte Personalverantwortung übernehmen.«

Hier könnte die folgende Rückfrage auf einen zukommen: »Warum lässt sich das bei Ihrem derzeitigen Arbeitgeber nicht realisieren?«

»Was hat Ihnen an Ihrem letzten Job besonders gut gefallen?«

Diese Frage richtet sich naturgemäß an Umsteiger und ist nicht zu unterschätzen. Keine Antwort wäre in diesem Fall auch eine Antwort – und zwar eine schlechte. Wer beispielsweise nach fünf Jahren wechseln möchte und nichts Positives über seine frühere Aufgabe anführen kann, muss sich fragen lassen, warum er nicht früher einen Schnitt gemacht hat.

> **Praxis-Beispiel**
> Die Frage ist mit folgender Aussage auf jeden Fall schwach beantwortet: »Es ging immer sehr kollegial zu – wir waren ein wirklich gutes Team in unserer Abteilung. Jeder konnte sich auf den anderen verlassen und mit meinem Vorgesetzten kam ich prima klar.«

Es gibt bessere Antworten, denn der Bewerber ist mit keinem Wort auf seine Aufgaben eingegangen.

> **Praxis-Beispiel**
> »Ich hatte sehr viel direkten Kundenkontakt – nicht nur am Telefon. Und was besonders erfreulich war: Ich hatte im Kundengespräch einen recht großen Entscheidungsspielraum, musste mich also nicht ständig bei meinem Chef absichern. Dadurch hatte ich natürlich ein gutes Standing bei meinen Kunden. Von diesen Erfahrungen gedenke ich in der eventuellen neuen Aufgabe bei Ihnen zu profitieren.«

Listen Sie einmal auf, was an Ihrem früheren beziehungsweise derzeitigen Job, den Sie aufgeben wollen, positiv war oder ist. Falls Ihnen dazu gar nichts einfällt, müssen Sie sich wahrscheinlich fragen lassen, warum Sie sich erst jetzt verändern möchten und warum Sie die Aufgabe zu Beginn so falsch eingeschätzt haben. Sammeln Sie also Argumente und vermeiden Sie auf jeden Fall Widersprüche: Führen Sie keine Inhalte als besonders erfreulich an, die die neue Aufgabe, um die Sie sich jetzt bewerben, gar nicht vorsieht. Und wenn Sie sich zu positiv über Ihre frühere Aufgabe äußern, könnten Sie gefragt werden, warum Sie sich unter diesen Umständen denn überhaupt verändern wollen.

Ein Wechselwunsch ist übrigens immer mit dem Hinweis gut begründet, dass die bisherige Aufgabe von den Anforderungen her ausgereizt ist. Man kann nichts Neues mehr dazulernen beziehungsweise sich nicht mehr weiterentwickeln.

»Warum suchen Sie eigentlich schon so lange nach einer Anstellung?«

Insbesondere Hochschulabsolventen wundern sich, wie schnell nach dem Examen die Zeit verrinnt. Das Gleiche gilt für jene, die einen lukrativen Aufhebungsvertrag geschlossen haben und die Suche nach einer neuen Aufgabe erst einmal ruhig angehen. Und dann muss man eines unguten Tages in einem Vorstellungsgespräch erklären, warum man noch nichts gefunden hat. Manche Bewerber kommen nach einer zu großen Zeitspanne nicht einmal so weit, sondern sie erhalten gleich eine Absage. Wer zu lange erfolglos am Markt ist, ist oft raus aus dem Markt.

> **Praxis-Beispiel**
>
> Werden Absolventen gefragt, warum sie schon so lange nach einer Anstellung suchen, kommen sie mit dieser Antwort gut durch: »Nach dem Examen war ich – wie Sie gelesen haben – über die Organisation »Work and Travel« mehrere Monate in Australien. Ich habe da tolle Erfahrungen sammeln können. Nach meiner Rückkehr musste ich leider feststellen, dass die Jobsuche gar nicht so einfach ist. Schließlich will ich ja nicht nur unterkommen, sondern ich suche eine Aufgabe, die meinen Neigungen und Fähigkeiten entspricht. Ja, und dann ist mir die Zeit einfach davongelaufen.«

Wer nach Beendigung des letzten Arbeitsverhältnisses bereits überdurchschnittlich lange auf der Suche ist, sollte diesen Umstand möglichst von sich aus ansprechen: »Wie Sie meinen Unterlagen entnommen haben, suche ich ja nicht erst seit gestern nach einer angemessenen Aufgabe.« Es ist besser, in die Offensive zu gehen, als später auf eine prekäre Frage nur noch reagieren zu können. Dieser Tipp gilt – wie an anderer Stelle bereits angesprochen – auch für andere Defizite. Akzeptabel ist die folgende Argumentation eines Wiedereinsteigers:

> **Praxis-Beispiel**
>
> »Na ja, einige Male war ich wohl bis kurz vor Schluss im Rennen und manchmal stimmten auch die Konditionen nicht. Ich suche ja nicht irgendeinen Job. Ich lasse mich jedenfalls von den Umständen nicht unter Druck setzen – dann trifft man doch nur eine falsche Entscheidung.«

»Warum haben Sie so häufig gewechselt?«

Das Urteil »Jobhopper« ist nicht schmeichelhaft und reduziert die Chance erheblich, überhaupt zu einem Gespräch eingeladen zu werden. Eine Ausnahme stellt hier vor allem die Gastronomie- und Hotelleriebranche dar. Wer dennoch eine Einladung erhalten hat, dürfte in Hinblick auf den Job recht interessant sein – muss aber den häufigen Stellenwechsel begründen können. Kein Arbeitgeber möchte, dass ihm der Neuzugang nach einer aufwendigen Einarbeitungszeit gleich wieder abhandenkommt.

3 Fragen nach Unebenheiten im Werdegang

> **Praxis-Beispiel**
> In der Praxis bekommen Personaler auf die Frage nach dem Grund für häufige Wechsel häufig Antworten wie diese: »Na ja, das ist ja relativ. Einmal wurde mir aus betrieblichen Gründen gekündigt. Die acht Monate in dem Vertriebsjob – da wurde der gesamte Vertrieb reorganisiert und wer zuletzt kam, musste zuerst gehen. Einmal war ich immerhin fast ein Jahr in der Firma. Die hatten mir nach der Probezeit etwas in Aussicht gestellt und wollten auf einmal nichts mehr davon wissen. Ich wollte mich nicht länger hinhalten lassen. Ach ja – und dann ist da noch der kurze Job nach meiner Ausbildung. Irgendwie wurde ich immer noch wie ein Lehrling behandelt und da habe ich meinen Ausbildungsbetrieb recht bald verlassen.«

Die erste Begründung – Reorganisation – ist völlig in Ordnung und lässt sich meist anhand des Zeugnisses überprüfen. Grundsätzlich riskant sind aber Begründungen wie »Die haben mir etwas versprochen!«, denn damit wirft man seinem früheren Arbeitgeber nichts Geringeres als Wortbruch vor. Und zur Einlassung »Die haben mich wie einen Lehrling behandelt!« ist anzumerken, dass dazu immer zwei gehören – einer, der es gegebenenfalls an Wertschätzung fehlen lässt, und ein anderer, der sich keinen Respekt zu verschaffen vermag.

Für alle, die häufiger gewechselt haben, gibt es einstweilen gute Gründe, diesen Umstand nicht zwangsläufig als Makel zu empfinden. Die Zeiten haben sich eben geändert. Einst wurde Betriebstreue mehr oder weniger üppig honoriert. 25 Jahre dabei? Herzlichen Glückwunsch! Es gab goldene Füllfederhalter, Sonderprämien und zusätzliche Urlaubstage. Wer sich heute nach einer 15-jährigen Betriebszugehörigkeit verändern möchte oder muss, hat dagegen oft ein Problem. Die Mutmaßungen und Einwände lauten:

- »Betrieblich einseitig sozialisiert!«
- »Immobil und unflexibel!«
- »Kommt garantiert ständig mit Sprüchen wie »In meinem alten Betrieb haben wir das aber soundso gemacht!««
- »Findet sich in der neuen Unternehmenskultur nicht zurecht!«

Ein rechtzeitiger Unternehmenswechsel wird heute in einem anderen Licht gesehen und erhöht – als Resultat einer vernünftigen Berufsplanung – durchaus den eigenen Marktwert. Und so lässt sich dies gut begründen.

> **Praxis-Beispiel**
>
> »Mir ist klar, dass dies in meinem Werdegang eine Schwachstelle ist. Meinen ersten Job nach der Ausbildung habe ich recht früh sausen lassen, weil mir jemand ein vermeintlich unwiderstehliches Angebot gemacht hat. Im Nachhinein stellte sich dann heraus, dass ich mit Zitronen gehandelt habe. Ich war schlicht zu blauäugig. Ja, und zweimal hätte ich wahrscheinlich einfach durchhalten müssen. Heute ist mir das völlig klar. Mir hat es zu Beginn meines Berufslebens wohl an Beharrlichkeit gefehlt. Heute weiß ich, dass diese Eigenschaft ein wichtiger Erfolgsfaktor ist.«

»Warum streben Sie als Selbstständiger eine Festanstellung an?«
Selbstständigkeit macht einen Menschen für eine Festanstellung auf die Dauer ungeeignet, so lautet ein gängiges Urteil. Bisweilen ist da auch etwas dran und deshalb muss man für diese Frage gewappnet sein. Um den häufigsten Grund braucht man gar nicht erst herumzureden: Die Selbstständigkeit war offenbar nicht sonderlich erfolgreich oder von vornherein eine Notlösung.

> **Praxis-Beispiel**
>
> Diese Begründung ist gut: »Ich habe meinen Druckbetrieb als Ein-Mann-Veranstaltung gefahren – überwiegend Visitenkarten, Briefpapier und Copy-Shop. Sechs Tage die Woche und zehn Stunden waren normal. Acht Jahre habe ich das durchgehalten und nun bin ich einfach nicht mehr wettbewerbsfähig. Mir fehlte das Kapital zum Wachstum. In dieser Zeit konnte ich einige gute Qualifikationen entwickeln, zum Beispiel unternehmerisches Denken, Kostenbewusstsein und eine konsequente Kundenorientierung. Außerdem halte ich mich nach wie vor für einen Teamplayer, auch wenn ich längere Zeit ein Einzelkämpfer war.«

Diese Erklärung kann man verstehen. Zum Schluss stellt der Interessent noch einmal klar seinen Nutzen für einen zukünftigen Arbeitgeber heraus und spricht von sich aus einen entscheidenden Knackpunkt an – nämlich die Teamfähigkeit.

»Was sind Ihre besonderen Schwächen?«
Dies ist die von vielen besonders gefürchtete Frage. Manche Bewerber empfinden sie als Eingriff in die Intimsphäre und damit ungebührlich. Dabei geht es doch nur um die alte psychologische Erkenntnis, dass Schwächen, die einem Menschen bewusst sind, ihm nicht mehr sehr schaden können. Das größte Risiko geht bekanntlich jemand ein, der sich und seine Möglichkeiten überschätzt.

> **Praxis-Tipp**
>
> Es wird von einem Bewerber nicht erwartet, dass er sich einer Schwäche bezichtigt, die ihn augenblicklich um den Job bringen würde. Wer einen Seelenstriptease hinlegt, ist naiv und damit aus dem Rennen.

Hier zur Abschreckung einige unglückliche Antworten, die sich manche Bewerber zurechtlegen:
- »Mein Problem ist, dass mir die Dinge manchmal nicht schnell genug gehen und dann werde ich ungeduldig.« Der weniger rücksichtsvolle Personaler kontert jetzt: »Aha, Sie sind also nicht belastbar.«
- »Ich glaube, ich bin oft zu gutmütig.« Die wahrscheinliche Interpretation des Personalers: »Ist von der Wertschätzung anderer abhängig. Als Führungskraft ungeeignet, denn da muss man das Zeug haben, sich auch einmal unbeliebt zu machen.«
- »Ich neige manchmal zu Perfektionismus.« Perfektionisten werden im Cockpit und am OP-Tisch gebraucht. In den meisten anderen Tätigkeitsbereichen werden sie mit ihrer Arbeit nie fertig.
- »Ich glaube, meine Schwächen können andere besser beurteilen. In eigener Sache ist man doch befangen.« Die wahrscheinliche Interpretation des Personalers: »Drückeberger!«
- Es gibt immer noch Bewerber, die mit Einlassungen wie »Ich nasche gern!« die Frage nach den persönlichen Schwächen glauben beantworten zu können. Thema verfehlt – ungenügend!

Die Frage nach den Schwächen gilt es vor dem Hintergrund seines bisherigen Werdegangs zu beantworten. Als Personaler freut man sich über jeden Bewerber, der hier Problembewusstsein zeigt. Schauen Sie sich bitte einige gute Beispiele an.

> **Praxis-Beispiel**
>
> »Man hört ja immer wieder vom Praxisschock. Ich habe davor keine Angst, aber gewiss fehlt mir das eine oder andere anwendungsbezogene Wissen. Ein akademisches Seminar hat vermutlich nicht immer etwas mit der betrieblichen Wirklichkeit zu tun. Ich werde also in der Praxis viel lernen müssen. Andererseits habe ich im Studium gelernt, mir die nötigen Kenntnisse und Informationen zu beschaffen.«

Mit dieser Antwort hat der Bewerber eine Schwäche angesprochen, die für Berufseinsteiger – insbesondere für Hochschulabsolventen – normal und daher verzeihbar ist.

> **Praxis-Beispiel**
>
> »Mich ärgert es maßlos, wenn Kolleginnen und Kollegen ihr Wissen für sich behalten – nach der Devise: Ich mach den Neuen doch nicht schlau. Nachher nimmt der mir noch meinen Job weg. Wenn alle vom Wissen des Einzelnen profitieren könnten, ginge vieles schneller und es würden auch weniger Fehler gemacht. Wie gesagt – wenn ich so etwas mitbekomme, verliere ich schon mal meine Selbstkontrolle und könnte ausrasten. Ich muss da wohl noch diplomatischer werden.«

Wenn Siemens wüsste, was Siemens weiß! Knowledge-Management ist gerade für größere Unternehmen ein Problem. Da sitzen irgendwo Leute mit wertvollem Insiderwissen und behalten es für sich. Der Bewerber hat hier ein Problem vieler Betriebe angesprochen und auch noch aus einer persönlichen Schwäche eine Stärke gemacht. Umsteiger oder Aufsteiger sollten aber aufpassen, dass sie keine Schwäche einräumen, die sich mit der zu vergebenden Aufgabe gar nicht verträgt.

> **Praxis-Beispiel**
> »Ich weiß, dass ich durch meine langjährige Verweildauer in einem Unternehmen geprägt bin. Ich werde also gut aufpassen müssen, dass ich nicht alles mit früher vergleiche, sondern für Neues und Veränderungen aufgeschlossen bleibe. Aber genau das reizt mich ja an einer neuen Aufgabe in Ihrem Betrieb.«

Dieser Bewerber spricht einen der Hauptgründe an, warum ältere Wechselwillige problematisch gesehen werden. Wer diese zum Teil ja nicht ganz unberechtigten Vorbehalte benennt, hat sie bereits halbwegs entkräftet.

3.4 Fragen nach den Soft Skills

Unter Personalberatern kursiert die folgende Formel des beruflichen Scheiterns: »Hired by ability – fired by personality.« Aufgrund von Fähigkeiten wird man eingestellt und aufgrund der Persönlichkeit fliegt man wieder raus. Schon der großartige Philosoph, Naturwissenschaftler und Spötter aus Göttingen, Georg Christoph Lichtenberg, merkte an: »Wer nur Chemie kann, kann auch die nicht richtig.« Wer nur etwas über seinen Beruf weiß, weiß wenig über seinen Beruf. In diesem Sinne hat der amerikanische Motivationsforscher Abraham Maslow vor den Folgen der einseitigen Spezialisierung oder einer vorrangig auf Fachkenntnisse fokussierenden Personalauswahl gewarnt. Das gilt beispielsweise für Piloten, wie das tragische Ereignis in den französischen Alpen im Jahr 2015 gezeigt hat. Und natürlich gilt das auch für den Managementprozess im Unternehmen.

Fachkompetenzen lassen sich durch Zeugnisse und Zertifikate belegen. Dagegen können Sie fachübergreifende Kompetenzen zwar für sich beanspruchen, der entscheidende Beweis über das tatsächliche Vorhandensein ist aber meist erst später anzutreten. Um dennoch einen Eindruck zu gewinnen, werden im Vorstellungsinterview Fragen gestellt, die sich auf die sogenannten Schlüsselqualifikationen beziehen. Und da sollte ein Bewerber wenigstens wissen und zeigen, worum es geht, und einen Bezug zur Arbeitswelt herstellen.

Fragen nach den Soft Skills

> **Praxis-Tipp**
> Schauen Sie sich vor Ihrem Termin noch einmal die Aufgabenbeschreibung beziehungsweise die Anforderungsstruktur des Stellenangebots an. Sehen Sie dann vor allem auch nach, auf welche Soft Skills Sie in Ihrem Anschreiben eingegangen sind. Dazu könnten Nachfragen kommen.

»Können Sie zielorientiert arbeiten?«

Was hat es mit der Zielorientierung auf sich? Nun – Ziele sind Leuchtfeuer für das Handeln. Deshalb ist die Formulierung, manchmal auch die Umformulierung von Zielen unerlässlich, wenn man sich nicht in einem ineffizienten Aktionismus verschleißen will. Ziele verhindern, dass wir uns verzetteln, sie helfen uns, vorhandene Energien sinnvoll einzusetzen.

Um Ziele ausarbeiten zu können, ist zunächst begriffliche Klarheit nötig. Meist besteht ein Ziel darin, einen wünschenswerten Zustand anzustreben – das sind positive Ziele. Etwa: »Ich steigere die Zahl meiner Besuchstermine.« Bei einem negativen Ziel geht es darum, einen vorhandenen Mangelzustand zu beseitigen. Beispiel: »Ich möchte weniger Reklamationen haben.« Negative Ziele sind Vermeidungsziele, sie führen mental in die Defensive und sind wenig geeignet, dem eigenen Handeln eine Richtung zu geben. Reklamationen zeigen nur, dass etwas nicht rundläuft. Dies wäre ein positiv formuliertes Ziel: »Ich will aus meinen Kunden Weiterempfehler machen!«

Derartige Unterscheidungen mögen akademisch klingen, sind aber wichtig, denn falsche Begriffe behindern richtiges Denken. Dies gilt auch für die Unterscheidung von globalen und spezifischen Zielen. Beim Schachspiel besteht das globale Ziel darin, den gegnerischen König mattzusetzen. Da es sehr viele Mattsituationen gibt, bleibt die Zielsituation recht unbestimmt. Folglich sind spezifische Ziele erforderlich, um eine Grundlage für das Planen und Verhalten zu haben. In der Praxis wären dies Zwischenziele, die die globale Zielerreichung wahrscheinlich machen. Beispiel: »Ich verbessere mein Telefonverhalten, indem ich mich von einem Profi coachen lasse.« Dies können Zwischenziele auf dem Weg zu einem Umsatz »Etat plus fünf Prozent« sein. Letzteres wäre das Globalziel.

> **Praxis-Beispiel**
> Eine gute Antwort auf die Frage nach dem zielgerichteten Arbeiten lautet daher: »Ich habe gelernt, dass man immer vom Ende her denken muss. Wo will ich hin? Was möchte ich erreichen? Und da die Dinge sich nicht immer so entwickeln, wie man es gern hätte, habe ich oft noch einen Plan B.«

»Wie strukturieren Sie Ihren Arbeitstag?«

Bei dieser Frage geht es im Grunde darum, wie man mit der begrenzten Ressource Zeit zurechtkommt und ob man Prioritäten setzen kann. Das Interessante ist ja, dass die Zeit ein völlig gerecht verteiltes Gut ist. Der Tag hat für jeden 24 Stunden. Aber was machen Menschen aus der ihnen gewährten Zeit? Da gibt es große Unterschiede und dafür interessiert sich jeder Personalbeschaffer.

> **Hinweis**
>
> Nehmen wir als Ausgangspunkt den Autofahrer, der sich wegen eines Zeitvorteils von zehn Minuten den Hals bricht. Die posthume Frage lautet: War die Sache wichtig und dringlich? Die richtige Antwort auf diese grundsätzliche Frage des Zeitmanagements ist zuweilen existenzentscheidend. Die Kenntnis und das Beherzigen des Eisenhower-Prinzips (Dwight D. Eisenhower war der 34. US-amerikanische Präsident) hätte unserem unglücklichen Autofahrer eventuell das vorzeitige Ableben erspart und könnte viele Manager vor Burnout und Schlimmerem schützen.
> Was hat es mit dem Eisenhower-Prinzip auf sich? Wie bereits angedeutet, sollte man Aufgaben nach zwei Kriterien bewerten beziehungsweise sortieren:
>
> - Wichtig oder unwichtig?
> - Eilig oder nicht eilig?
>
> Wer mit dieser Fragestellung an seine Arbeit herangeht, kann die anstehenden Aufgaben in vier Typen unterteilen:
> 1. Aufgaben, die wichtig und eilig sind
> 2. Aufgaben, die wichtig, aber nicht eilig sind
> 3. Aufgaben, die weniger wichtig, aber eilig sind
> 4. Aufgaben, die weniger wichtig und nicht eilig sind
>
> Eisenhower ist mit diesen Gruppen folgendermaßen umgegangen:
> - Wichtig und eilig: sofort anpacken
> - Wichtig, aber nicht eilig: in die Zeitplanung aufnehmen
> - Weniger wichtig und eilig: delegieren
> - Unwichtig und nicht eilig: Papierkorb
>
> Das Eisenhower-Prinzip ist eine praktikable Grundlage für strukturiertes Entscheiden und Handeln.

Daraus lässt sich eine gute Antwort auf die hier besprochene Frage entwickeln.

»Wie flexibel sind Sie?«

Flexibilität ist ein »Wiesel-Wort«, das überall auftaucht, aber schwer zu fassen ist. Wenn man beispielsweise in dem Jobportal monster.de das Suchwort »Flexibilität« eingibt, erhält man über 1.000 Angebote. Flexibilität ist also als Persönlichkeitsmerkmal gefragt. Aber was heißt das konkret? Es geht um die Fähigkeit, sich auf neue Situationen und Anforderungen mental und intellektuell erfolgreich einstellen zu können. Flexible Menschen

- gewinnen rasch ihr seelisches Gleichgewicht wieder, nachdem Erwartungen erschüttert wurden.
- behalten einen hohen Produktivitätsgrad auch in unsicheren und mehrdeutigen Situationen bei.
- bleiben physisch und emotional gesund, wenn sie mit Unsicherheiten zu kämpfen haben.
- vermeiden Verhaltensweisen, die den Erfolg von Projekten und Veränderungsprozessen beeinträchtigen könnten.
- gehen aus den durch die Veränderungen hervorgerufenen Anforderungen gestärkt hervor.

Hingegen zeichnen sich unflexible Menschen durch folgende Eigenschaften aus. Sie
- fürchten den Verlust von Besitzständen oder Überforderung.
- empfinden Veränderungen als persönliche Zumutung oder als Angriff auf das Selbstwertgefühl.
- ignorieren/bagatellisieren die Veränderungen und/oder ihre Auswirkungen.
- verzerren die mit der Veränderung verbundenen Informationen (selektive Wahrnehmung).
- suchen unentwegt Gründe zur Legitimierung ihrer Abwehrhaltung.
- versuchen, andere für ihren ablehnenden Standpunkt zu gewinnen.

Flexibilität heißt freilich nicht, jedem Trend oder dem sogenannten Zeitgeist hinterherzulaufen – Flexibilität heißt, zukunftsfähig zu bleiben. Das ist die wichtigste Herausforderung unserer Zeit, in der nichts beständiger ist als der Wandel. Wir erleben es permanent: Das Internet zerstört über Jahrzehnte erfolgreiche Geschäftsmodelle und ermöglicht viele neue. Wer dabei sein möchte, muss auf der Höhe der Zeit bleiben – also flexibel sein.

»Wie belastbar sind Sie?«
»Belastbarkeit« ist aus guten Gründen ein Lieblingsbegriff der Texter von Stellenangeboten. Belastbarkeit heißt,
- dass »nine to five« im Job nicht reicht und man auf überdurchschnittlich hohe physische und psychische Energiereserven zurückgreifen können muss.
- einen »langen Atem« zu haben, weil sich bei vielen Aufgaben nicht sofort die gewünschten Erfolge einstellen werden.
- Frust und Misserfolge auszuhalten, ohne dass sich dies gleich negativ auf die Leistungsmoral auswirkt.
- mit beruflichen Unsicherheiten leben zu können.

Der Persönlichkeitsfaktor Belastbarkeit gibt auch Auskunft über das Verhalten in Stresssituationen. Macht jemand unter Zeitdruck viele Flüchtigkeitsfehler, verliert den Überblick, behandelt Kunden unwirsch oder gar abweisend? Es geht also letztlich darum, wie jemand reagiert, wenn sich auf dem Weg zum Ziel Hindernisse auftürmen. Im Extremfall gibt es jene, die resignieren, und andere, die sich von Hindernissen positiv herausgefordert fühlen und mit einem »Jetzt gerade!« reagieren.

Man muss kein Freund von Dieter Bohlen sein, aber sein Buchtitel »Nur die Harten kommen in den Garten« trifft hier durchaus den Kern. Wer über eine niedrige Frustrationstoleranz verfügt, sollte sich zum Beispiel auf akquisitorische Aufgaben im Interesse der eigenen seelischen Gesundheit gar nicht erst einlassen.

> **! Praxis-Beispiel**
> Bei der Frage »Wie belastbar sind Sie?« überzeugt diese Antwort: »Ich habe berufsbegleitend studiert, das hieß, freitagabends habe ich von 18:00 bis 21:00 Uhr im Hörsaal gesessen und Samstagmorgen ging es ab 8:30 Uhr weiter. Und das mit zwei kleinen Kindern zu Hause. Wie Sie sehen, habe ich die Sache auch noch mit einem guten Abschluss durchgezogen.«

»Arbeiten Sie lieber allein oder im Team?«

»Sorgen machen mir weiche Anforderungen wie Teamfähigkeit«, sagte einmal Erwin Staudt in seiner Eigenschaft als IBM-Deutschland-Chef, »die viele unserer hochtalentierten Bewerber … nicht mitbringen.« Diese Klage ist nach wie vor aktuell. Manche Bewerber scheitern, weil sie den Verdacht erregen, ihren angemessenen Platz in einem vorhandenen Arbeitsteam nicht zu finden. In der Organisations- und Arbeitspsychologie gilt der folgende Grundsatz: Man kann ein Team schwächen, indem man es personell verstärkt. Wenn der Neuzugang nicht teamfähig ist, hat das Team jede Menge mit Reibereien und Konflikten zu tun, unter denen der Teamgeist leidet – und am Ende auch das Ergebnis.

> **! Praxis-Beispiel**
> Diese Antwort ist riskant: »Ich arbeite am liebsten im Team. Da bekommt man die besten Ideen und man kann sich gegenseitig motivieren. Alle großen Leistungen sind im Grunde ja Teamleistungen. Das ist wie im Mannschaftssport …«

Diese Antwort ist riskant. Besonders, wenn der Job den Einzelkämpfer fordert, und sie ist nicht ohne Risiko, wenn der Gesprächspartner von Teamarbeit herzlich wenig hält.

> **Praxis-Beispiel** !
> Mit dieser Antwort ist man auf der sicheren Seite: »Ich denke, dass ich ein guter Teamplayer bin. Ich habe übrigens viel Mannschaftssport betrieben. Da kann man nur erfolgreich sein, wenn man seinen angemessenen Platz im Team findet. Aber man muss auch mit seinen Aufgaben klarkommen, wenn man auf sich allein gestellt ist. Man kann nicht immer nach dem Team rufen. Ich arbeite gern mit anderen zusammen, aber viele Vorgänge muss man allein abarbeiten.«

Außerdem gilt Folgendes:
- Bekennen Sie sich zum Teamprinzip, wenn es Ihrer Auffassung entspricht. Andernfalls suchen Sie sich eine Aufgabe, bei der Einzelkämpfer gefragt sind. Wer lieber für sich allein arbeitet, ist nicht automatisch abartig veranlagt. Es gibt allerdings kaum Jobs, in denen nicht ein Mindestmaß an Kooperationsbereitschaft und -fähigkeit verlangt wird.
- Outen Sie sich nicht als bekennender Teamplayer, ohne zu wissen, was dies konkret bedeutet. Hier die amerikanische Übersetzung für das Wort »TEAM«: together everybody achieves more.
- Teamwork heißt nicht, Ferien vom Ich zu nehmen. Im Team ist das persönliche Mitdenkertum unverzichtbar. Im Zweifelsfall muss der Einzelne in der Lage sein, die Kolleginnen und Kollegen gegen den Strich zu bürsten. So mancher Schaden wäre in der letzten Zeit renommierten Unternehmen erspart geblieben, wenn sich Mitarbeiter gegen den Teamgeist gestellt hätten.
- Kehren Sie nicht den »Gutmenschen« heraus. Unternehmen müssen Geld verdienen, um ihre Existenz und die damit verbundenen Arbeitsplätze zu sichern. Hier ist Ihr Beitrag als späterer Mitarbeiter gefordert und unter diesem Gesichtspunkt sollten Sie das Qualifikationsmerkmal »Teamfähigkeit« angehen.
- Zum Schluss streichen Sie bitte noch den folgenden Satz in Ihrem Kopf: »Die Aufgabe interessiert mich, weil ich Freude am Umgang mit Menschen habe.« Sigmund Freud soll einmal gegenüber einem jungen Mann, der unbedingt anderen Menschen helfen wollte, den Verdacht geäußert haben, dass er ja wohl ein Sadist sein müsse.

»Wie konfliktfähig sind Sie?«

Das Soft Skill Konfliktfähigkeit ist aktuell besonders gefragt und schließt sich nahtlos an die als selbstverständlich vorausgesetzte, aber falsch verstandene Teamfähigkeit an. Was wird denn von Frau Christine Hohmann-Dennhardt erwartet, die als Vorstand für das bei VW neu eingerichtete Ressort »Recht und Integrität« verantwortlich ist? Aus und vorbei mit Friede, Freude, Eierkuchen – wenn sie erfolgreich sein will. Konfliktfähigkeit braucht aber auch jeder Debitorenbuchhalter, Mitarbeiter im Reklamationsmanagement, Compliance-Manager und Verkäufer. Auch eine Führungskraft, die Konflikten aus dem Weg geht, hat ihre Zukunft bald hinter sich. Konflikte sind nun einmal eine Grundbedingung des Lebens – sie sind die Voraussetzung von Entwicklung und Fortschritt, können aber auch Ressourcen vernichten, wenn sie nicht reguliert werden.

> **! Praxis-Beispiel**
>
> Diese Antwort passt: »Zu einem Konflikt kommt es ja häufig, wenn Menschen offen ihre Wünsche, Interessen und Ideen formulieren und diese dann mit denen anderer kollidieren. Das hat einen Vorteil: Jeder weiß, woran er ist. Meine Devise lautet, dass Konflikte die Menschheit sehr oft auch nach vorn gebracht haben – wenn sie vernünftig geregelt werden. Destruktiv werden Konflikte dann, wenn sie nicht rechtzeitig angesprochen oder ignoriert werden. Deshalb ziehe ich es vor, die Dinge anzugehen, auch wenn es Gegenwind geben sollte.«

»Können Sie sich durchsetzen?«

Bei der Frage nach der Durchsetzungsfähigkeit zieren sich insbesondere Nachwuchskräfte, weil sie sich auf keinen Fall eine Ellenbogenmentalität nachsagen lassen möchten. Doch wie gesagt: Es reicht nicht aus, das Richtige zu wissen – man muss es im Arbeitsleben auch durchsetzen können.

> **! Praxis-Beispiel**
>
> Eine gute Antwort auf die Frage ist: »Das hängt ganz davon ab, worum es geht. Es gibt Situationen, in denen gebe ich schnell nach, weil mir die Sache nicht wichtig ist und ich dann anderen ihr Erfolgserlebnis gönne. Wenn mir etwas persönlich wichtig erscheint, versuche ich hingegen, meine Kontrahenten mit Argumenten zu gewinnen. Ich glaube, wenn es drauf ankommt, kann ich schon recht beharrlich meine Ziele verfolgen. Im Zweifelsfall kann ich für meinen Standpunkt kämpfen.«

»Können Sie Mitarbeiter führen?«

Wie heißt es im Stellenangebot? »Idealerweise verfügen Sie über erste Führungserfahrung«. Aus Ihren Arbeitszeugnissen geht hervor, dass Sie niemals in Personalverantwortung standen, dennoch wurden sie eingeladen. Was für eine Chance, den Sprung vom Sachbearbeiter zur Führungskraft zu schaffen! Jetzt gilt es zu zeigen, dass eine Vorstellung davon vorhanden ist, wie es gelingen kann, Mitarbeiterinnen und Mitarbeiter für sich und die zu erreichenden Ziele zu gewinnen.

Zu diesem Thema sind viele Bibliotheken vollgeschrieben worden. Machen Sie sich als Vorbereitung auf diese Frage noch einmal mit den folgenden Führungsgrundsätzen vertraut:
- Fordern: Eine Führungskraft hat die Aufgabe, Leistung zu fordern und gegebenenfalls nachzuforschen, wieso die vereinbarte Leistung nicht erbracht wurde (und sich dabei selbst als möglicherweise leistungsbehindernden Faktor in Rechnung zu stellen).

- Dialogisch führen: Dialogisch führen heißt, zum Austausch einzuladen, die richtigen Fragen zu stellen, formal auf Gesprächssymmetrie zu achten und viele Sichtweisen einzubeziehen. Dennoch muss irgendwann entschieden werden.
- Konsens anstreben: Führungskräfte sollen in diesem Sinne Übereinkünfte herstellen, also einschließen, statt auszuschließen, und umsetzen, statt durchzusetzen. Aber man kann nicht immer auf den Letzten warten!
- Vertrauen schenken: »Nichts kann einen Menschen mehr stärken, als das Vertrauen, das man ihm entgegenbringt.« Dieses Credo von Adolf von Harnack, einem evangelischen Theologen und Wissenschaftsorganisator in Preußen, ist aktueller denn je. Während bisher die Schaffung einer Vertrauenskultur vorrangig in Sonntagsreden beschworen wurde, scheint man das Thema nach Schäden in Milliardenhöhe ernster zu nehmen. Dabei geht es nicht nur um ein Klima, in dem schlechte Nachrichten weitergegeben werden können, ohne mit persönlichen Konsequenzen rechnen zu müssen, sondern auch darum, dass Vertrauen Kontrollkosten reduziert. So hat beispielsweise Microsoft den »Vertrauensarbeitsort« eingeführt – wer will, kann zu Hause am Küchentisch arbeiten. Anwesenheitskontrollen oder Stechuhren sind von gestern. Ehe man sich im Vorstellungsgespräch aber zu euphorisch über die neue Arbeitswelt auslässt, muss mit dem Sozialwissenschaftler Niklas Luhmann gewarnt werden, dass Vertrauen eine »riskante Vorleistung« sei. Man darf Vertrauen also nicht mit Naivität verwechseln.
- Demotivation vermeiden: Von Mitarbeitern ist nicht selten zu hören, dass sie von ihrem Chef nicht motiviert werden möchten, denn das könnten sie selbst viel besser. Es reiche völlig aus, wenn der Vorgesetzte sie nicht demotiviere. Es sind immer dieselben Muster, die Mitarbeiter ausbremsen: Der Vorgesetzte kann und weiß immer alles besser als die Mitarbeiter, zieht ein Thema in Sekundenschnelle an sich, trifft einsame Entscheidungen, behandelt Mitarbeiter wie Luft und informiert unzureichend, einseitig oder verspätet.

> **Praxis-Beispiel**
>
> Dies ist eine gute Antwort auf die Frage an den Bewerber, wie er künftig seine Mitarbeiter führen will: »Mein Führungsgrundsatz lautet »Ziehen ist besser als schieben«. Dieser Grundsatz stammt aus der Mechanik. Ich würde versuchen, meine Mitarbeiter für die Ziele meines Verantwortungsbereichs zu gewinnen und sie dann mitzuziehen. Das setzt Überzeugungsarbeit voraus und kostet Zeit – aber nicht investierte Zeit kostet im Nachhinein nur mehr Zeit, wenn die Dinge nicht richtig laufen. Man kann allerdings nicht so lange diskutieren, bis auch der letzte Bedenkenträger bereit ist mitzumachen. Irgendwann muss entschieden werden. Und das ist dann die Aufgabe einer Führungskraft. Ein weiterer wichtiger Grundsatz lautet für mich, Mitarbeiter zu Mitwissern zu machen – also richtig zu informieren. Wer Leistung haben will, muss Sinn vermitteln. Das sind für mich so einige Grundsätze im Führungsprozess.«

»Welche Eigenschaften kennzeichnen den idealen Vorgesetzten?«

Die Flut an Management-Büchern, die über die Frage nach dem idealen Vorgesetzten Auskünfte geben, kann niemand mehr bewältigen. Die bisher »endgültige« Antwort gibt der Management-Experte Fredmund Malik: »Der ideale Manager wäre eine Kreuzung aus Alexander dem Großen, Albert Einstein und Thomas Gottschalk.« Insbesondere bei Führungsnachwuchskräften soll die Frage nach dem idealen Vorgesetzten zeigen, ob jemand in dieser Frage ein Pragmatiker oder ein Idealist ist.

> **! Achtung**
>
> Angesichts der schwarzen Schafe, die es in der deutschen Wirtschaft nach ganz oben geschafft, aber ihren Unternehmen und den Mitarbeitern schweren Schaden zugefügt haben, sollte sich die Antwort zunächst einmal auf ethische Merkmale wie Integrität und Glaubwürdigkeit beziehen. Man denke nur an den Ex-Top-Vorstand Thomas Middelhoff (intern »Big T« genannt), der Karstadt gegen die Wand gefahren hat. Wegen Untreue und Steuerhinterziehung ist er vom Landgericht Essen zu drei Jahren Gefängnis verurteilt worden. Bei Middelhoff wurde das »Jesus-Syndrom« diagnostiziert (Kann über Wasser laufen!) und entsprechend war er umgeben von Ja-Sagern und Erfüllungsgehilfen. Wie lautete die Aussage seiner Ex-Chefsekretärin vor Gericht? »Seine Entscheidungen habe ich als gottgegeben hingenommen.«

Lesen Sie nun einige Antworten, die man von kompetenten Bewerbern zu hören bekommt:

- »Der ideale Vorgesetzte ist berechenbar. Ich möchte als Mitarbeiter wissen, woran ich bei meinem Chef bin, und als Vorgesetzter sollen meine Mitarbeiter wissen, woran sie bei mir sind. Nur so kann Vertrauen entstehen – eine wichtige Voraussetzung für Identifikation, Leistungsfreude und gute Ergebnisse.«
- »Der ideale Vorgesetzte sagt, was er denkt, und tut, was er sagt.«
- »Der ideale Vorgesetzte denkt und handelt sowohl mitarbeiter- wie auch ergebnisorientiert. Er oder sie ist entscheidungsstark, versucht die Mitarbeiter zu gewinnen und hat keine Angst vor unangenehmen Entscheidungen.«
- »Wer von seinen Mitarbeitern Leistung verlangt, muss zunächst Sinn vermitteln. Der ideale Vorgesetzte kann das.«

»Wo konnten Sie Ihre Kreativität bisher unter Beweis stellen?«

Mit dem Begriff »Kreativität« wird in Deutschland besonders häufig hantiert – aber mit dem Wort hat man eben noch nicht die Sache. Die Zahl der Nobelpreise als Maßstab zeigt an, dass Deutschland in Sachen Kreativität arg zurückgefallen ist. Wir müssen uns angesichts der Globalisierung und dem damit verbundenen steigenden Wettbewerbsdruck also etwas einfallen lassen. Doch wie entsteht Kreativität?

- Methodismus überwinden! Der Erfolgskiller Nummer eins besteht in der Neigung, stur an einer Methode festzuhalten, die einem früher immer den Erfolg beschert hat. In den USA heißt Kreativität recht treffend »out-of-the-box-thinking«. Es gilt, den Käfig der Gewohnheit zu verlassen. Eine gute Methode hierfür ist das Brainstorming.
- Die Perspektive wechseln! Antoine de Saint-Exupéry hat bereits darauf hingewiesen: »Um klar zu sehen, genügt oft ein Wechsel der Blickrichtung.« Deshalb ist es ja sinnvoll, im Team zu arbeiten, denn dabei kommen meist Menschen mit verschiedenen Sichtweisen zusammen.
- Den Gesamtzusammenhang sehen! Die Schlüsselfrage lautet: Was hängt womit zusammen? Wer das »Big Picture« nicht sieht, bleibt in seinem Denken beschränkt.

> **Praxis-Beispiel**
> Bei der Frage »Wo konnten Sie Ihre Kreativität bisher unter Beweis stellen?« zählen handfeste Belege: »Ich war bei unserer Schülerzeitung drei Jahre für die Gestaltung der Titelseite verantwortlich. Und während meiner Ausbildung habe ich zwei Veranstaltungen mit konzipiert, in denen wir unsere Leistungen – also die der Azubis – sozusagen der innerbetrieblichen Öffentlichkeit präsentiert haben. Ich habe unter anderem die PowerPoint-Präsentation grafisch gestaltet. Wir haben uns da schon so einiges einfallen lassen und das ist auch gut angekommen.«

3.5 Situative Fragen im Interview: »Was würden Sie tun, wenn …?«

In Vorstellungsgesprächen werden biografische und situative Fragen unterschieden. Situative Fragen sind in der Regel Umwegfragen, die immer dann zweckmäßig sind, wenn das Frageziel auf direktem Weg nicht angesteuert werden kann. Geht es beispielsweise darum herauszufinden, ob ein Bewerber loyal ist, macht es wenig Sinn, ihn dies direkt zu fragen. Meist beginnen situative Fragen mit der harmlosen Einleitung »Was würden Sie tun, wenn …?«

»… ein Kollege in eine Position befördert wird, auf die Sie sich klare Chancen ausgerechnet haben?«
Diese Frage zielt darauf ab, wie ein Bewerber mit Enttäuschungen und Niederlagen umgeht. Folglich gilt es zu zeigen, dass er eine gesunde Einstellung zum Wettbewerb hat und dass Fehlschläge zur persönlichen und beruflichen Entwicklung gehören. Hier einige positive Antworten:

- »Ich würde zunächst einmal dem Kollegen gratulieren.«
- »Ich würde meine bisherigen Leistungen und mein Verhalten auf eventuelle Schwachstellen hin überprüfen.«
- »Ich würde mich auf meine Arbeit konzentrieren.«
- »Falls der beförderte Kollege mein neuer Vorgesetzter ist, würde ich mich konstruktiv und loyal verhalten.«

»... Sie in einer wichtigen Fachfrage mit Ihrem Vorgesetzten nicht übereinstimmen?«

Wer über die entsprechende Berufserfahrung verfügt, weiß, dass im Konferenzraum nicht selten anders gesprochen wird als später auf den Korridoren. In manchen Betrieben haben sich längst zwei Kommunikationskanäle etabliert, in denen widersprüchliche Botschaften kursieren: Auf der einen Seite gibt es die offiziellen Verlautbarungen und auf der anderen die hinter vorgehaltener Hand abgegebenen Kommentare und Interpretationen. Für das Klima und für die Unternehmenskultur ist das schlecht.

> **Praxis-Beispiel**
>
> Die Geschäftsleitung eines mittelständischen Unternehmens beschließt ein neues Vertriebskonzept, das der Vertriebsleiter erst ablehnt, später aber zähneknirschend akzeptiert. Dann passiert Folgendes: Anlässlich eines Kundenbesuchs erklärt der Vertriebsleiter einem langjährigen Geschäftspartner im Vertrauen, dass er das neue Konzept für Blödsinn halte, es jedoch leider umsetzen müsse.
> Den nächsten Termin bei diesem Kunden nimmt ein Mitarbeiter des genannten Vertriebsleiters wahr. Er wird mit den Worten begrüßt: »Ihr Chef sagte mir neulich, dass er von der neuen strategischen Ausrichtung Ihres Unternehmens gar nichts hält. Ich übrigens auch nicht. Wie ist denn Ihre Meinung?«

Diese Frage, die in die Zwickmühle der doppelten Loyalität führt, soll hier einmal an die Leserinnen und Leser weitergereicht werden. Was würden Sie sagen?
a) »Ich würde mich meinem Chef gegenüber loyal verhalten und dem Kunden sagen, dass ich die negative Meinung meines Vorgesetzten teile.«
b) »Ich würde mich meinem Unternehmen gegenüber loyal verhalten und sagen, dass ich die neue strategische Ausrichtung unterstütze.«
c) »Ich würde dem Kunden generell zustimmen, denn von ihm kommen schließlich die Aufträge.«
d) »Ich würde mich heraushalten und sagen, dass ich dazu nichts sagen könne.«
e) »Ich würde sagen, dass mein Chef das Recht auf eine private Meinung habe, aber gewiss voll und ganz hinter dem Unternehmen stünde. Und das gelte für mich natürlich ebenso.«
f) »Ich würde sagen, dass Strategien kommen und gehen.«

Haben Sie eine Antwort ausgewählt? Dann lesen Sie bitte, wie Ihre Entscheidung gegebenenfalls gewertet wird:

a) Mit dieser Antwort schlagen Sie sich auf die Seite Ihres Vorgesetzten und verhalten sich Ihrem Betrieb gegenüber illoyal. Natürlich hat Ihr Chef Sie durch sein Fehlverhalten in diese Zwickmühle gebracht, aber ein Fehler wird ja nicht dadurch rückgängig gemacht, indem ein zweiter hinzukommt. Im Übrigen stammt das Gehalt nicht vom Vorgesetzten, sondern aus den erzielten Erlösen.

b) Bei aller Integrität – aber damit haben Sie sich gleich zwei Feinde gemacht. Sie haben dem Kunden klar gesagt, dass Sie dessen Einschätzung nicht teilen, und Sie haben sich gegenüber Ihrem Vorgesetzten nach außen hin illoyal verhalten. Wenn der Kunde ihm dies bei nächster Gelegenheit erzählt, werden Sie ein Problem mehr haben.

c) Diese Anbiederei dürfte die Wertschätzung durch den Kunden nicht gerade befördern. Wer seinem Arbeitgeber in den Rücken fällt, darf von Kunden und Lieferanten keinen Respekt erwarten.

d) Mit dieser Aussage entwerten Sie sich in den Augen des Kunden als Gesprächs- und Verhandlungspartner. Sie und Ihre Meinung werden möglicherweise in Zukunft deutlich weniger ernst genommen.

e) Eine goldene Regel im Geschäftsleben lautet: »one face to the customer!« Im Außenverhältnis – vor allem gegenüber Kunden und Lieferanten – ist ein einheitliches und geschlossenes Auftreten im Sinne des Unternehmens unverzichtbar. Mit dieser diplomatischen Antwort hätten Sie sich selbst, Ihren Vorgesetzten und Ihr Unternehmen ganz gut aus der Bredouille gebracht.

f) Diese Einlassung klingt wie: »Mal sehen, wann die nächste Sau durchs Dorf getrieben wird.« Hier wird die Haltung von Zynikern sichtbar, die bereits so manche Inkonsequenz erlebt haben – und das ist in deutschen Betrieben gar nicht so selten anzutreffen.

> **Achtung**
> Loyalität heißt nicht, alles widerspruchslos abzunicken. Wenn eine Führungskraft mit strategischen Überlegungen der nächsten Führungsebene, die sie selbst betreffen, nicht einverstanden ist, darf und sollte sie den eigenen Standpunkt vertreten. Wurde eine Entscheidung aber nach dem Muster »Ober sticht Unter« getroffen, gibt es nur zwei Möglichkeiten: sie akzeptieren und im eigenen Verantwortungsbereich umsetzen oder den Job wechseln.

»… Sie sich von Ihrem Vorgesetzten ungerecht behandelt fühlen?«

Nicht jeder bekommt, was er verdient, und nicht jeder hat verdient, was er bekommt. Derartige Schieflagen gibt es häufiger und sie sind von jenen, die sich benachteiligt oder ungerecht behandelt fühlen, auf Dauer nicht gut zu ertragen. Irgendwann wird ein Punkt erreicht sein, an dem es Laut zu geben gilt. Oder anders: Eine Beschwerde ist angesagt.

> **! Praxis-Beispiel**
>
> Eine gute Antwort lautet: »Ich frage mich erst einmal, ob das Gefühl wirklich durch Tatsachen begründet ist. Es gibt ja auch eine »gefühlte Temperatur«, die von der Wirklichkeit manchmal erheblich abweicht. Wenn ich in eine derartige Lage geraten sollte, spreche ich erst einmal mit Menschen, die es wirklich gut mit mir meinen – die mir also nicht nach dem Mund reden. Das ist für mich ganz wichtig. Sollten die mich bestätigen, spreche ich meinen Vorgesetzten auf die empfundene Ungerechtigkeit an. Natürlich würde ich mich auf das Gespräch gut vorbereiten und versuchen, ganz sachlich zu bleiben.«

»… ein Mitarbeiter einen starken Leistungseinbruch zeigt?«

Die zentrale Frage jeder Führungskraft lautet: Wie bekomme ich die ganze Arbeitskraft meiner Mitarbeiter?

> **! Praxis-Beispiel**
>
> Diese Antwort kommt gut an: »Ich würde zunächst einmal Ursachenforschung betreiben. Liegen innerbetriebliche oder außerbetriebliche Gründe vor? Zu den innerbetrieblichen Gründen würde ich mir unter anderem die folgenden Fragen stellen: Ist der Mitarbeiter überhaupt richtig eingesetzt? Wurde er hinreichend gefördert und gefordert? Hat er seinen Platz im Team gefunden? Natürlich können auch private Dinge die Leistungsfähigkeit beeinträchtigen, zum Beispiel familiäre Krisen oder persönliche Schicksalsschläge. Hier ist gegebenenfalls auch die Fürsorgepflicht des Unternehmens gefragt. Am Ende des Gesprächs müsste ein Verbleib stehen. Ich würde dem Mitarbeiter im Rahmen der betrieblichen Möglichkeiten auch noch meine Unterstützung anbieten – würde aber je nach Schwere des Falls mit ihm auch über denkbare Konsequenzen sprechen.«

»… Sie das Gefühl haben, der Job wächst Ihnen über den Kopf?«

Früher hieß die Diagnose »Managerkrankheit«, heute heißt sie »Burnout«. Der Begriff steht für einen Zustand extremer emotionaler Erschöpfung mit verminderter Leistungsfähigkeit. Nach dem Diagnoseklassifikationssystem der Weltgesundheitsorganisation WHO (ICD-10, International Statistical Classification of Diseases) ist Burnout keine Krankheit, sondern ein Problem der Lebensbewältigung. In diesem Sinne sollte auch die Antwort ausfallen, denn es gibt Gründe, Burnout vor allem für eine Krankheit der Medien zu halten. Die folgende Antwort überzeugt:

Situative Fragen im Interview: »Was würden Sie tun, wenn …?« 3

> **Praxis-Beispiel** !
>
> »Ich würde mich zunächst fragen, ob ich mich zweckmäßig organisiere und die Prioritäten richtig setze. Weitere Leitfragen wären für mich: Bin ich zu perfektionistisch? Reiße ich alles an mich, was andere erledigen können? Bin ich aus Gründen der Selbstprofilierung nicht bereit, Aufgaben abzugeben oder zu delegieren? Kann ich nicht Nein sagen, wenn Aufgaben an mich herangetragen werden, obwohl mir dies vermutlich niemand übel nehmen würde. Lebe ich, um zu arbeiten, oder arbeite ich, um zu leben? Ich würde mich auch fragen, welche Möglichkeiten zum Auftanken ich habe, aber nicht nutze. Das sind so Gedanken, die ich mir machen würde.«

»… Sie sich unterfordert fühlen?«

Es gibt ernstzunehmende Hinweise, dass viele Menschen unter dem Boreout-Syndrom leiden – sich also zu Tode langweilen. Der französische Philosoph Blaise Pascal befand bereits im 17. Jahrhundert: »Nichts ist so unerträglich für den Menschen, als sich in einer vollkommenen Ruhe zu befinden, ohne Leidenschaft, ohne Geschäfte, ohne Zerstreuung, ohne Beschäftigung. Er wird dann sein Nichts fühlen, seine Preisgegebenheit, seine Unzulänglichkeit, seine Abhängigkeit, seine Ohnmacht, seine Leere. Unaufhörlich wird aus dem Grund seiner Seele der Ennui aufsteigen, die Schwärze, die Traurigkeit, der Kummer, der Verzicht, die Verzweiflung.«

Ältere wollen länger arbeiten! Die Teilnehmer einschlägiger Umfragen begründen ihren Wunsch mit dem Bedürfnis nach Teilhabe und dem Bestreben, geistig und körperlich aktiv zu bleiben. Das ist allerdings nicht einmal jedem Arbeitnehmer vergönnt – sie leiden unter dem Boreout-Syndrom, fühlen sich also an ihrem Arbeitsplatz unterfordert.

> **Hinweis** !
>
> Boreout ist ein Gefühl der völligen Unterforderung und damit verbundener Langeweile. Diese Unterforderung kann durch folgende Faktoren entstehen:
> - Geringe Menge an Arbeit
> - Aufgabe, die nicht den persönlichen Neigungen entspricht
> - Qualifikation, die deutlich über den Anforderungen liegt
>
> Die Folgen für die Betroffenen:
> - Fehlende Anerkennung und mangelnde Zufriedenheit, die sich aus der Erledigung sinnvoller und anspruchsvoller Arbeit ergibt
> - Müdigkeit, Lustlosigkeit, Gereiztheit
> - Psychosomatische Beschwerden
> - Depressionen/Gefühl der Nutzlosigkeit

Was tun? Die Personaleinsatzplanung kennt drei Methoden, dem Boreout vorzubeugen:
- Job-Rotation: Turnusmäßig machen die Mitarbeiter einmal etwas anderes, was der eigenen Qualifikation allerdings entspricht.
- Job-Enlargement: Das Aufgabenspektrum wird erweitert, sodass es keinen Leerlauf mehr gibt.
- Job-Enrichment: Das normale Arbeitspaket wir um anspruchsvolle Aufgaben erweitert, die einem Erfolgserlebnisse bescheren können und die Chance bieten, sich fachlich zu entwickeln.

»… Sie einem Blinden die Farbe Gelb erklären sollen?«
Es hat sich herumgesprochen, dass Start-ups gern eher skurrile Fragen stellen. Das Interesse richtet sich eben weniger auf Kandidaten mit Prädikatsexamen, sondern auf Querdenker und Frauen und Männer mit Ecken und Kanten. Hier gibt es keinen Tipp, wie man diese Anforderung bewältigen könnte, sondern ein kleines »Denkei« für den Leser.

»… Sie einem achtjährigen Kind eine Suchmaschine erklären sollen?«
Mit solchen Fragen – das wird in Medien und Blogs kolportiert – muss man bei Apple, Google oder Facebook rechnen. Auch das ist ja eine schöne Denkaufgabe, die den Geist anregt und vielleicht die Flexibilität für das nächste Vorstellungsinterview erhöht.

3.6 Fragen zum Privatleben

»Welchen Stellenwert haben für Sie Familie und Hobbys?«
Man muss nicht hinter jeder Frage eine böse Absicht vermuten, aber die Aufgabe des Personalers besteht nun einmal darin, sich ein ausgewogenes Bild vom Bewerber zu machen. Schließlich wird ja kein Funktionsträger auf zwei Beinen gesucht, der seine persönlichen Neigungen, Hoffnungen und Sorgen beim Pförtner abgibt. Auch hier handelt es sich um eine Umwegfrage, denn letztlich soll aufgeklärt werden, ob die Familie die beruflichen Ambitionen des Kandidaten unterstützt und wie jemand Energie tankt. Lesen Sie nun zunächst einen eher unglücklichen Dialog zum Thema.

Personaler: »Sie haben in Ihren Unterlagen nichts über Ihre Freizeitaktivitäten erwähnt. Wie schalten Sie denn ab oder entspannen sich?«

Bewerber: »Wissen Sie, da habe ich keine Probleme. Mein Job befriedigt mich ungemein. Je mehr ich um die Ohren habe, umso besser. Was mir auf die Nerven geht, ist Leerlauf.«

Personaler: »Trotzdem muss ja jeder manchmal neue Energien tanken. Für viele ist da die Familie ein guter Rückhalt.«

Bewerber: »Nach meiner Erfahrung ist für viele die Familie eher ein Stressfaktor. Man braucht sich nur die Scheidungsraten anzusehen. Ich habe da den Rücken frei und kann mich auf meine Aufgabe konzentrieren.«

Nicht jeder Personaler lebt gerade in Scheidung oder ist ein Workaholic. Wenn der Interviewer ein Familienmensch ist oder sich leidenschaftlich einer Liebhaberei widmet, stößt man mit solchen Anmerkungen auf wenig Gegenliebe.

> **Praxis-Beispiel**
> Auf die Frage »Welchen Stellenwert haben für Sie Familie und Hobbys?« kommt diese Antwort gut an: »Seit ich eine Familie und Kinder habe, habe ich vor allem gelernt, mich besser zu organisieren. Und auch wenn nicht viel Zeit für das Privatleben bleibt – entscheidend ist doch immer, was man aus dieser Zeit macht. Im Übrigen unterstützt mich mein Mann voll und ganz in meinem Job. Und in meiner Freizeit bin ich begeisterte Radfahrerin.«

Und wenn man solo ist? Ein guter Freundeskreis mit gemeinsamen Freizeitaktivitäten kann für die »Work-Life-Balance« sehr wertvoll sein.

»Wie können Sie ein Kind mit einer Berufstätigkeit verbinden?«
Diese Frage richtet sich nach wie vor zuallererst an alleinerziehende Frauen. Natürlich möchte der zukünftige Arbeitgeber die ganze Arbeitskraft einer neuen Mitarbeiterin. Und wer als Vorgesetzter seine Fürsorgepflicht ernst nimmt, will auch nicht, dass die Mitarbeiterin und Mutter ständig mit einem schlechten Gewissen herumläuft, weil sie das Gefühl hat, nicht genug für ihr Kind da zu sein. Diesen Umstand schaffen auch nicht Dutzende von Gender-Lehrstühlen an den Hochschulen und Gender-Mainstreaming-Debatten aus der Welt.

Meist wird die obige Frage gar nicht so direkt gestellt, aber sie steht sozusagen im Raum und man kann sie gegebenenfalls ungefragt beantworten. Es kann durchaus sinnvoll sein, das Thema Kinderbetreuung proaktiv anzusprechen:

> **! Praxis-Tipp**
> »Mein Lebenspartner ist selbstständig und kann sich gut um unser Kind kümmern. Der Kleine geht übrigens schon in den Kindergarten. Und dann sind da noch die Großeltern, die im selben Ort wohnen. In dem Punkt habe ich den Rücken frei.«

»Sind Sie sich als Frau über die besonderen Erschwernisse einer Tätigkeit im Außendienst im Klaren?«

Frauen im Außendienst? Eigentlich völlig normal – sollte man meinen. Das stimmt aber nicht. Kritisch wird es, wenn die Außendiensttätigkeit mit viel Reisen und häuslicher Abwesenheit verbunden ist. Ein aktuelles Beispiel: Der Frauenanteil in Führungspositionen von Beratungsgesellschaften beträgt trotz vielfältiger Bemühungen um vier Prozent. Hans-Werner Wurzel, Präsident des Bundesverbands Deutscher Unternehmensberater (BDU) und Hauptgeschäftsführer der Beratungsgesellschaft Bearingpoint, nennt in der »Frankfurter Allgemeinen Zeitung« vom 25.2.2016 den Grund: »Die Reisetätigkeit ist der Killer.«

Und deshalb möchte der Personaler schon etwas genauer wissen, wie sich eine Bewerberin solch einen Job vorstellt. Die Antwort kann deren Ahnungslosigkeit belegen:

> **! Praxis-Beispiel**
> »Ich bin ja ungebunden und reise gern. Man trifft ständig neue Leute und lernt fremde Städte kennen – das finde ich toll. Ich bin ein Mensch, der Abwechslung braucht, deshalb ist dieser Job im Außendienst genau richtig für mich.«

Die Antwort einer anderen Bewerberin zeigt: Sie macht sich keine Illusionen und dürfte bei entsprechender Qualifikation eine Chance bekommen.

> **! Praxis-Beispiel**
> »Ich denke schon – obwohl die Wirklichkeit dann doch immer anders ausschaut. Ich habe Ihnen ja gesagt, dass ich meine Zukunft im Vertrieb sehe. Und da muss man einige Zeit mal draußen bei den Kunden gewesen sein. Für mich ist es wichtig, diese Erfahrung zu machen, und ich weiß, dass das damit verbundene Kofferpacken und Hotelleben wohl nur am Anfang interessant ist. Aber die Erfahrungen vor Ort kann mir später keiner mehr nehmen – und außerdem bin ich ungebunden und muss auch nicht regelmäßig im eigenen Bett schlafen.«

3.7 »Welche Fragen haben Sie denn noch?«

Im Vorstellungsgespräch geht es bekanntlich nicht zu wie im wirklichen Leben. Im wirklichen Leben – so heißt es – gäbe es keine dummen Fragen, im Vorstellungsinterview gibt es diese sehr wohl. Unglückliche Bewerberfragen lassen sich nur noch toppen, indem der Kandidat überhaupt keine Frage zu formulieren vermag. In diesem Fall kommt schnell der Vorwurf mangelnden Interesses, eines fehlenden Problembewusstseins oder einer miesen Vorbereitung auf das Gespräch auf. In vielen Fällen trifft alles zu.

Unmöglich ist es, nach der Aufforderung zum Fragenstellen einen zu Hause vorbereiteten Zettel hervorzuholen und diesen abzuarbeiten. Da finden sich bestimmt Fragen, die längst beantwortet sind oder nicht mehr passen. Ein geduldiger Gastgeber lässt sein Gegenüber zwar gewähren, denkt sich aber seinen Teil: unflexibel, unsouverän und bürokratisch.

Hier sind einige typische Bewerberfragen, die besser ungehört bleiben:
- »Wie ist das Betriebsklima in Ihrem Haus?« Was soll der Gesprächspartner antworten? Wird er sagen, dass die Stimmung aufgrund von Restrukturierungsmaßnahmen im Keller ist? Natürlich nicht. Diese Frage bringt den anderen gegebenenfalls nur in Verlegenheit oder verlangt von ihm eine Pflichtübung.
- »Wie halten Sie es mit der Delegation von Aufgaben und Verantwortung an Ihre Mitarbeiter?« Jeder Vorgesetzte wird sich hier zum Führungsmittel Delegation bekennen, auch wenn er Delegation mit dem Abschieben lästiger Aufgaben verwechselt. Sie sind nach der Antwort nicht schlauer und machen auch keine Punkte damit.
- »Fühlen sich Ihre Mitarbeiter immer ausreichend informiert?« Wenn Sie Pech haben, werden Sie mit der Gegenfrage »Fühlen sich Mitarbeiter jemals ausreichend informiert?« abgekanzelt.
- »Wann wurde das Unternehmen gegründet?« Diese Frage steht stellvertretend für alle Fragen, die Sie sich längst hätten selbst beantworten müssen – etwa durch Recherchen im Internet.
- »Wann ist morgens normalerweise Arbeitsbeginn?« Das kann man später klären. Im Vorstellungsgespräch ist diese Frage ungeschickt. Ausnahme: Alleinerziehende, die ihre Kinder vorher noch in die Kita oder Schule bringen müssen. Dasselbe gilt für die Frage nach dem Arbeitsende oder einer Gleitzeitregelung.
- »Wie sieht es eigentlich mit dem Gehalt aus?« Die Einkommensfrage schneidet Ihr Gastgeber an und Sie sollten ihm hier nicht die Initiative wegnehmen. Abgesehen davon ist der Ton dieser Frage unangemessen.

- »Wie war die Resonanz auf Ihre Anzeige?« Wer über ein Mindestmaß an Empathie verfügt, verkneift sich diese Frage. Sie hat mit der Entscheidungsfindung nichts zu tun. Im Übrigen wird ja kein Personaler einräumen, dass die Resonanz miserabel war.

Was hingegen gut ankommt, sind Beiträge wie dieser: »Sie haben zu Beginn des Gesprächs gesagt, dass das Unternehmen durch weitere Zukäufe expandieren will. Darauf möchte ich gern noch einmal zurückkommen und Sie fragen, ob es wie bisher um Europa geht oder auch die USA oder Fernost in den Überlegungen eine Rolle spielen?« Das spricht für einen guten Zuhörer, der auch noch über ein intaktes Gedächtnis verfügt. Wie bereits an anderer Stelle angemerkt, beziehen sich nur ganz wenige Bewerber in dieser Phase des Vorstellungsgesprächs auf das, was der Interviewpartner anfangs gesagt hat. Generell ist es bei Fragen gut, einen interessanten Aufhänger zu finden – also ein Stichwort, ein Ereignis oder eine aktuelle Information.

> **!** **Praxis-Beispiel**
>
> Einen guten Aufhänger bei »Welche Fragen haben Sie abschließend noch?« hat diese Antwort: »Im Foyer lag Ihre Mitarbeiterzeitung »Meyer aktuell« und darin las ich vorhin, dass Ihr Unternehmen eine Forschungskooperation mit dem Unternehmen Behringer eingegangen ist und dass über weitere derartige Zusammenschlüsse nachgedacht wird. Mich würde interessieren, wo das Personal dieser Kooperation angesiedelt ist oder angesiedelt sein wird?«

Abschließend folgen noch einige Fragen, die von Fall zu Fall gut passen könnten. Stimmen Sie sie auf Ihre Situation ab:
- »Warum ist diese Position überhaupt vakant?« (Neu geschaffene Planstelle? Generationswechsel? Fluktuation?)
- »Wie lange dauert nach Ihrer Erfahrung die Einarbeitungszeit?«
- »Gibt es Mitarbeiter, die diese Position gern übernommen hätten und nicht berücksichtigt wurden?« (Gilt für Führungspositionen)
- »Wie stark ist die Position des Betriebsrats in Ihrem Hause?« (Gilt für Führungspositionen)
- »Welche neuen Produktentwicklungen sind zurzeit in der Pipeline?«
- »Ich spreche etwas Ungarisch und habe gute private Kontakte unter anderem nach Budapest. Gibt es Ambitionen, die Geschäftsbeziehungen in diese Region auszuweiten?«
- »Sie haben eingangs gesagt, dass die Personalentwicklung für Sie einen hohen Stellenwert hat. Wer kann unter welchen Bedingungen an den Förderprogrammen teilnehmen?«

3 »Welche Fragen haben Sie denn noch?«

Hinweis

Viele Vorstellungsinterviews, die von mehreren Repräsentanten eines Unternehmens geführt werden, enden bei der anschließenden Manöverkritik mit dem Vorwurf: Der Bewerber hat keine oder zu wenig Fragen gestellt. Warum wird das einem Jobaspiranten übel genommen? Weil es in der Regel Desinteresse zeigt, denn kein Gesprächspartner kann einem Bewerber eine Aufgabe und die entsprechenden Rahmenbedingungen so detailliert beschreiben, dass keine Fragen offen bleiben. Oder anders: Bewerber, die nach der Devise vorgehen »Hauptsache, ich kriege den Job!« sind ein Risiko für das Unternehmen.

4 Wenn's ums Geld geht: die Gehaltsverhandlung

Was macht glücklich? Der Ökonomie-Nobelpreisträger und Psychologe Daniel Kahneman vertritt die für ihn wissenschaftlich belegbare Ansicht, dass Sex der wichtigste Glücksbringer sei. Der Schweizer Bruno S. Frey ist nach gut calvinistischer Tradition davon überzeugt, dass nur die Zufriedenheit mit dem Job uns ein erfülltes Leben bescheren könne.

Und welche Bedeutung hat das Geld? »Geld macht nicht glücklich«, sagt der Volksmund. Das mag sein, aber einige Vorzüge lassen sich – abgesehen von dem misslichen Umstand, dass man eine bestimmte Summe grundsätzlich braucht – nicht von der Hand weisen. Für den russischen Schriftsteller Dostojewski war Geld »geprägte Freiheit«, für den englischen Dichter Lord Byron »Aladins Wunderlampe« und für den deutschen Philosophen Friedrich Nietzsche das »Brecheisen der Macht«. Vor dem Hintergrund dieser Statements könnte Geld wenigstens ziemlich glücklich machen.

Unglücklich verhält sich auf alle Fälle ein Bewerber, der den Eindruck erweckt, als sei es unanständig, über Geld zu reden. Natürlich muss über das Entgelt gesprochen werden – und zwar geradeheraus und gekonnt. Nicht selten gibt es später Frust, weil ein Bewerber aus Angst, sich unbeliebt zu machen, seine Gehaltswünsche nicht klipp und klar geäußert hat.

4.1 Grundsätze einer Gehaltsverhandlung

Zunächst ist zu bedenken, dass eine Gehaltsverhandlung einen Bestandteil der Eignungsdiagnostik darstellt. Wer sich in eigener Sache unsouverän verhält oder bei Gegenwind gleich umfällt, wird vermutlich kaum die Interessen des zukünftigen Arbeitgebers energisch vertreten können.

> **Tipps**
> So sieht ein kompetenter Umgang mit der Gehaltsfrage aus:
> - Von Einsteigern, vor allem aber von Um- und Aufsteigern wird erwartet, dass sie ihren Marktwert halbwegs realistisch einschätzen und diesen dann auch beherzt zu realisieren versuchen.
> - Eiern Sie nicht herum, sondern nennen Sie Ihr gewünschtes Brutto-Jahresentgelt. Das erspart im Erstgespräch zusätzliche Fragen wie die nach dem eventuellen Urlaubsgeld, Weihnachtsgeld oder einem 13. Gehalt. Auf der Basis des Jahresentgelts sind eventuelle Angebote auch besser miteinander vergleichbar.

- Es ist keine gute Idee, sich durch die Angabe eines Gehaltsrahmens Spielraum verschaffen zu wollen. Etwa: »Ich stelle mir 80.000 bis 90.000 Euro im Jahr vor.« Wenn Ihr Gesprächspartner dann auf einer präzisen Zahl besteht, sehen Sie nicht sonderlich gut aus.
- Begründen Sie Ihren Einkommenswunsch niemals mit finanziellen Verpflichtungen oder ähnlich unsachlichen Argumenten, sondern nur über Ihre Qualifikation und den Nutzen, den Sie zu bieten haben. Gehaltswünsche, die vom Gesprächspartner als überdurchschnittlich bewertet werden, lassen sich durch den Hinweis auf besondere Sprachkenntnisse, eine einschlägige Ausbildung vor dem Studium, zum Job passende Praktika und Spezialkenntnisse, gegebenenfalls auch durch das Thema einer Abschlussarbeit legitimieren.
- Wenn Ihr Verhandlungspartner angesichts Ihres Gehaltswunschs die Contenance verliert, ist dies kein Grund zur Besorgnis. Machen Sie also nicht sofort einen Rückzieher, wenn die beiderseitigen Vorstellungen voneinander abzuweichen scheinen. Ein vernünftiger Kompromiss kann darin bestehen, zum Start finanzielle Abstriche zu machen und nach erfolgreicher Probezeit den ursprünglichen Gehaltswunsch zu realisieren.
- Verhandeln, aber nicht feilschen. Kathrin K. erklärt: »Ich halte 40.000 Euro für angemessen.« Gesprächspartner: »Völlig unrealistisch!« Bewerberin: »38.000 Euro – darunter ist nichts zu machen.« Gesprächspartner: »Auch diese Vorstellung passt nicht in die vorhandene Gehaltsstruktur. Ein neuer Mitarbeiter mit vergleichbarem Profil ist gerade mit einem Jahresentgelt von 34.000 Euro gestartet.« Bewerberin: »Vielleicht können wir uns in der Mitte treffen!?«
- Verkaufen Sie sich gut, aber denken Sie auch daran, dass gerade für den Ersteinsteiger ein Unternehmen mit einem guten Namen oft mehr Wert ist als ein hohes Starteinkommen.
- Für manche Berufseinsteiger gibt es nichts zu verhandeln, weil das Unternehmen – dies gilt insbesondere für Unternehmensberatungen – für Hochschulabsolventen ein festes Einstiegsgehalt vorsieht. Das sollten Sie akzeptieren, wenn Sie die Aufgabe interessiert. Nach dem eventuellen Zuschlag können Sie sich dann leistungsmäßig so positionieren, dass Sie von der späteren Spreizung der Einkommen profitieren.

4.2 Welche Gehaltsforderung ist angemessen?

Es folgen einige Informationsquellen, die Sie nutzen können, um herauszufinden, was als Entgelt realistisch ist.

- www.wiwo.de/erfolg/beruf/500-berufe-welches-gehalt-sie-jetzt-verlangen-koennen
- www.staufenbiel.de
- www.kienbaum.de
- www.monster.de
- www.stepstone.de
- www.absolventa.de

In der Gehaltsverhandlung lässt sich der Einkommenswunsch allerdings nicht mit im Internet publizierten Gehaltstabellen begründen, diese Angaben dienen nur der persönlichen Orientierung. Die angemessene Dotierung ergibt sich aus dem Abgleich zwischen dem Anforderungsprofil der Aufgabe und dem eigenen Leistungsprofil. Je größer die Übereinstimmung ist, umso besser sind die Argumente für die eigene Gehaltsvorstellung. Das ist eigentlich ganz normal, aber genau hier gilt es aufzupassen.

Es wird der souveräne Umgang mit dem MS-Office-Programm erwartet? Vielleicht auch noch mit Lotus Notes? Das können viele und fällt deshalb als Untermauerung für den Gehaltswunsch aus. Wie im Marketing müssen Sie Ihren USP herausarbeiten. Was macht Sie im Vergleich zu den Mitbewerbern unverwechselbar? Das kann Wissen über spezifische IT-Tools sein, ebenso kommen exotische Sprachkenntnisse oder interkulturelle Kompetenzen infrage. Vor allem aber lassen sich Soft Skills anführen, die bereits im Vorstellungsgespräch erkennbar werden: Kontaktstärke, Kommunikationsfähigkeit, Empathie, Selbststrukturierung und viele andere Eigenschaften sind unwiderstehliche Argumente für den Gehaltswunsch, wenn sie für die angestrebte Aufgabe erforderlich sind. Excel lässt sich schnell lernen, bei den Soft Skills sieht das schon anders aus: Wer als Bewerber »Key-Account-Management« im Vorstellungsinterview keinen unfallfreien Satz bauen kann, wird das nicht binnen vier Wochen lernen. Doch mit den Soft Skills wird das Geld verdient. Sie machen einen Menschen einzig und nicht ein Bachelorabschluss – dessen Wert damit keinesfalls geschmälert werden soll. Insbesondere wenn dieser berufsbegleitend erworben wurde und damit wiederum für Soft Skills wie Zielstrebigkeit, Belastbarkeit und Lernfähigkeit steht.

4.3 Wenn ein Kompromiss unumgänglich ist

Manchmal sind die Verhältnisse nicht so, wie sie sein sollten, und man muss gegebenenfalls kleinere Brötchen backen.

> **Praxis-Beispiel**
> Eine Verhandlung zur Frage »Welche Gehaltsvorstellungen haben Sie?« wie die folgende ermöglicht ein Nachgeben, ohne dass einer der Beteiligten das Gesicht verliert:
> *Bewerber:* »Ich denke so an die 60.000 Euro.«
> *Personaler:* »Sorry, aber ich habe gerade jemanden mit Ihrer Qualifikation für 55.000 Euro eingestellt. Mir sind da die Hände gebunden, denn über Gehälter wird geredet und dann habe ich schnell Feuer auf dem Dach. Ich kann Ihnen da wirklich nicht entgegenkommen.«

> *Bewerber:* »Das verstehe ich. Gut, ich komme Ihnen aus folgenden Gründen entgegen. So, wie Sie mir die Aufgabe beschrieben haben, bedeutet sie für mich eine gute Chance, mich in die Breite zu entwickeln – also neue Erfahrungen und Kenntnisse zu erwerben. Das sehe ich als geldwerten Vorteil an. Ich darf aber davon ausgehen, dass die Gehaltsfrage zum Ende einer erfolgreichen Probezeit noch einmal angesprochen wird.«

So geht das. Vor allem, wenn im Anforderungsprofil »Flexibilität« verlangt wird, kann man bei einer Preisverhandlung nicht nur auf stur schalten. Aber auch der Kunde muss verstehen, warum man bereit ist, beim Preis nachzugeben.

5 Endspurt: Kommen Sie nicht auf den letzten Metern ins Stolpern

Alle reden von der Bedeutung des ersten Eindrucks, der in Bruchteilen von Sekunden zustande kommt und bereits das Ergebnis des Vorstellungsinterviews erheblich beeinflusst. Da ist natürlich eine Menge dran – vor allem, wenn es um Aufgaben im Verkauf geht, bei denen der Erfolg ja bisweilen erheblich vom ersten Auftritt und der persönlichen Kontaktstärke abhängt. Dennoch muss hier auf einen nicht unwichtigen Umstand hingewiesen werden: Ein verkorkster Start lässt sich im Zuge des Vorstellungsinterviews noch wettmachen, ein missglückter Abgang kann jedoch nicht mehr korrigiert werden.

5.1 »Warum sollten wir uns für Sie entscheiden?«

Diese Frage zielt auf die persönlichen Stärken ab, die ein Bewerber für sich reklamiert – und zwar in Hinblick auf die besprochene Aufgabe. Was also erwartet der Fragesteller? Es geht darum, dass der Bewerber die Gratwanderung zwischen gesundem Selbstbewusstsein und der Fähigkeit zur Selbstkritik schafft. Deshalb kommt die folgende Einlassung gar nicht gut an: »Ach wissen Sie – das können andere besser beurteilen. Ich kann mich dazu doch nur ganz subjektiv äußern. Und das klingt dann so nach Eigenlob und das liegt mir nicht.« Das ist Drückebergerei. Im Übrigen gilt: Wer sich seiner Stärken nicht bewusst ist, kann sie nicht konsequent nutzen und schon gar nicht weiterentwickeln.

Vorausschauende Bewerber haben sich auf die obige Frage vorbereitet und ihre Eigenschaften und besonderen Vorzüge nebst Begründung vorab einmal aufgeschrieben. Es ist keine schlechte Idee, die Stärken von Äußerungen Dritter oder von früheren Aufgaben abzuleiten: »Mein Ausbildungsleiter hat einmal gesagt…« Oder: »Wenn Feste zu organisieren waren, gehörte ich immer zum Vorbereitungskomitee.« Auch dies kann passen: »Als ehrenamtliche Mitarbeiterin von AIESEC habe ich mich für den internationalen Studentenaustausch stark gemacht – und da habe ich gelernt zu akquirieren und Sponsoren zu gewinnen.«

Wichtig ist, nur solche Stärken anzuführen, die für die angestrebte Aufgabe erforderlich sind. Wer sich im Außendienst bewirbt und als Erstes seine Teamfähigkeit hervorhebt, kann an dieser Frage scheitern. Das gilt sinngemäß für alle, die hier irgendwelche Soft Skills beliebig aufsagen. Es folgen die wichtigsten Dos und Don'ts bei der Frage nach den persönlichen Stärken:

- Das Anforderungsprofil der Aufgabe beachten! Es geht nicht um alle möglichen tollen Eigenschaften, über die Sie als Bewerber verfügen, sondern ausschließlich um jene, die zur Aufgabe passen.
- Die im Stellenangebot benannten Eigenschaften umformulieren! Es ist nicht ratsam, bei der Frage nach den Stärken die in der Anzeige erwähnten Soft Skills einfach noch einmal aufzuzählen. Verwenden Sie eigene Formulierungen, ohne den Kern der Anforderungen zu verfälschen. Sagen Sie statt »Ich kann Prioritäten setzen« beispielsweise »Ich kann gut zwischen Wichtigem und Unwichtigem unterscheiden«. Es ist Belastbarkeit gefordert? Hier eine gute Umformulierung: »Ich behalte auch unter Zeitdruck den Überblick und arbeite fehlerfrei.«
- Keine falsche Bescheidenheit! Im Job gilt es, die Vorzüge des eigenen Unternehmens und seiner Produkte selbstbewusst nach außen zu vertreten – Sie sollten das deshalb auch in eigener Sache tun und können. Wer sich bei der Frage nach den Stärken zu lange bitten lässt, weckt beim Gegenüber den Verdacht, dass er sich im Markt zu defensiv verhalten wird.
- Weniger ist mehr! Es gibt Bewerber, die bei der Frage nach den Stärken ein breites Sortiment ausloben. Das wirkt unglaubwürdig.

5.2 »Haben Sie sich noch woanders beworben?«

Diese Frage klingt harmlos, ist aber nicht zu unterschätzen. Meist möchte der Gesprächspartner nur wissen, ob der Bewerber unter Zeitdruck steht – ob also ein anderes Angebot vorliegt oder kurzfristig zu erwarten ist. Aufgrund der Verschiebung der Machtverhältnisse vom Arbeitgebermarkt zum Arbeitnehmermarkt erhalten Personaler immer häufiger Absagen und keiner möchte einen guten Kandidaten aus Zeitgründen verlieren.

Manche Bewerber machen hier aber taktische Fehler, zum Beispiel der Berufseinsteiger, der auf diese Frage hin sagte: »Nein – mich interessiert diese Aufgabe so sehr, dass ich zurzeit keine anderen Bewerbungsaktionen fahre.« Ein Berufseinsteiger oder Absolvent, der nur ein einziges Eisen ins Feuer legt, ist entweder unglaubwürdig oder aber von der eigenen Vorzüglichkeit so angetan, dass er sich eine Absage gar nicht vorstellen kann. Dagegen ist diese Antwort für Absolventen und Einsteiger in Ordnung:

> **Praxis-Beispiel**
> »Natürlich. Aber so, wie Sie mir vorhin die Aufgabe noch einmal beschrieben haben, würde ich mich sehr über ein Angebot freuen.«

Umsteiger, die in einem festen Anstellungsverhältnis stehen, sollten anders reagieren – selbst wenn beispielsweise eine betriebsbedingte Kündigung absehbar ist.

> **Praxis-Beispiel**
>
> »Nein. Ich habe eigentlich nur das getan, was ich hin und wieder mal mache – nämlich den Stellenmarkt beobachten. Und da habe ich Ihr Angebot gelesen und mir gesagt: Das passt exakt zu meinem Profil und wäre für mich inhaltlich ein guter Schritt nach vorn. Und deshalb sitze ich hier. Und nach diesem Gespräch kann ich sagen, dass sich dieser Eindruck bestätigt hat.«

Wenn Sie in einem Unternehmen beschäftigt sind, das in großem Umfang Personalabbau angekündigt hat oder insolvent ist, passt diese Antwort natürlich nicht.

Zum Abschluss dieses Themas noch eine unmögliche Reaktion, die eher als Erpressungsversuch zu werten ist:

> **Praxis-Beispiel**
>
> »Ja, habe ich. Deshalb möchte ich Sie auch bitten, möglichst schnell zu einer Entscheidung zu kommen, da ich von einer anderen Firma ein Angebot vorliegen habe und ich die nicht lange hinhalten kann. Aber natürlich möchte ich viel lieber die besprochene Aufgabe hier bei Ihnen übernehmen. Bitte verstehen Sie mich nicht falsch – aber wenn ich denen absage und hier wird das auch nichts, dann sitze ich zwischen allen Stühlen.«

Das mag ja alles sachlich richtig sein, doch kein Unternehmen lässt sich gern gegen ein anderes ausspielen. Deshalb ist es eine schlechte Idee, mit einem derartigen Hinweis den Entscheidungsprozess beschleunigen zu wollen. Tenor: »Drücken Sie aufs Tempo, wenn Sie mich haben wollen.«

Wenn Ihnen bereits ein anderes Angebot vorliegt, das sich mit der Einladung zum aktuellen Vorstellungsgespräch überschnitten hat, dann sagen Sie kurz: »Ich habe ein Angebot vorliegen und muss mich gegenüber dem Unternehmen in spätestens einer Woche erklären.«

5.3 »Stünden Sie uns eventuell auch für eine andere Aufgabe zur Verfügung?«

Die Frage kann harmlos, aber auch listig sein. Das Frageziel könnte darin bestehen herauszufinden, ob der Bewerber bei der Jobsuche beliebig vorgeht oder aber eine klare berufliche Vorstellung hat. Wer sich mehrere Optionen offenhalten möchte, hat am Ende manchmal gar keine mehr. Wer im Lauf des Vorstellungsgespräches unentwegt argumentiert hat, warum die fragliche Aufgabe gut zu ihm passt, kann nicht spontan sein Interesse an einem anderen Job bekunden, der ganz andere Anforderungen mit sich bringt.

Die folgende Antwort beinhaltet ein klares Bekenntnis zu einer bestimmten Aufgabe, ohne dass Alternativen unmöglich werden. Immerhin könnte es ja im Unternehmen artverwandte Herausforderungen geben, die durchaus in Betracht zu ziehen sind.

> **Praxis-Beispiel**
>
> »Ich habe mich hier ja um eine klar definierte Aufgabe beworben – und die finde ich nach Ihren Erläuterungen spannend. Ich glaube auch, dass ich erfolgreich sein würde. Andererseits soll man bekanntlich niemals nie sagen. Ich habe immer Wert darauf gelegt, flexibel zu sein – dazu gehört auch, dass man über alles reden kann.«

5.4 »Wie stehen meine Chancen?«

Machen Sie ein Gedankenexperiment: Sie haben als Personalchef zehn Interessenten eingeladen und jeder fragt Sie am Ende des Gesprächs nach seinen Chancen. Sie können bestenfalls dem zehnten Kandidaten eine halbwegs fundierte Auskunft geben. In der Regel zwingt Sie diese Frage zu unverbindlichen Floskeln. Kurzum: Sie ist lästig und zeugt von mangelndem Einfühlungsvermögen.

Besonders übellaunig wird die Frage nach den Chancen aufgenommen, wenn ein Bewerber mehrere Gesprächspartner im Vorstellungsinterview hat. Wer soll denn da was sagen? Die Kollegen müssen sich doch erst hinsichtlich ihrer Eindrücke austauschen. Hier ist die Note sechs in Sachen Empathie fällig, mancher Bewerber beschert sich damit einen peinlichen Abgang.

5.5 Konfusion mit Namen

»Auf Wiedersehen, Frau Bleifeld. Auf Wiedersehen, Herr Mustermann. Auf Wiedersehen, Herr Ääääh!« Das darf bei der Verabschiedung nicht passieren, kommt aber leider immer wieder vor. Wie gesagt: Einen verstolperten Start kann man im Gespräch noch wettmachen – der misslungene Abgang bleibt im Gedächtnis hängen. Horchen Sie kurz vor der Verabschiedung noch einmal in sich hinein, ob Sie wirklich alle Namen parat haben. Wenn nicht, überspielen Sie dieses Manko mit Formulierungen wie »Auf Wiedersehen! Und vielen Dank für die interessanten Informationen über Ihr Unternehmen.« Oder: »Tschüs! Und danke, dass Sie sich so viel Zeit genommen haben.« Auf keinen Fall dürfen Sie von drei Gesprächspartnern nur zwei beim Abschied mit Namen ansprechen und dem dritten etwas zunuscheln. Nicht selten werden Namen zum Abschied verunstaltet und Frau Bleifeld heißt auf einmal Frau Bleifuß. Und auch das hat es gegeben: alle drei Interviewpartner wurden konsequent mit falschem Namen angesprochen.

5.6 »After Sales« in eigener Sache

Nach dem Vorstellungsgespräch ist oft vor dem Vorstellungsgespräch. Wer als Berufseinsteiger mehrere Termine hat, wird diese natürlich nutzen und nicht erst Zusagen oder Absagen abwarten. Nachdem sich ein Bewerber also mehr oder weniger gut »verkauft« hat, lautet jetzt die Frage: »Wie war ich?«. Manchmal ist es sinnvoll, die eine oder andere Sache mit Freunden oder Bekannten zu besprechen oder die Vorschläge in diesem Buch noch einmal nachzulesen. So tut sich Verbesserungspotenzial für das nächste Mal auf, auch wenn natürlich nicht alle Gespräche nach dem gleichen Muster ablaufen. Dennoch: Alle Versuche, das Vorstellungsinterview als eignungsdiagnostisches Instrument neu zu erfinden, haben bisher nichts gebracht – am Ende kam doch immer wieder ein Vorstellungsinterview heraus.

6 Schleichwege in die Seele: Psychotests

In Rothenburg ob der Tauber gibt es ein Museum, in dem sich der menschliche Tüftlergeist von einer ganz speziellen Seite zeigt: Es präsentiert Schmiedezangen, die zum Ausreißen von Fingernägeln benutzt wurden, eine Streckbank, auf der man unter Ausnutzung der Gesetze der Mechanik Knochen aus ihren Gelenkpfannen hebelte und zum Zersplittern der Schienbeine entwickelte Spanische Stiefel. Gemeine Touristen finden die Ausstellung schön schaurig, während der Kenner beim Anblick der Exponate vermutlich an die mittelalterliche Praxis der »Territion« denkt, jenes feierliche Vorzeigen der verfügbaren Marterwerkzeuge, das die zu untersuchende Person auf Genauigkeit und Wahrhaftigkeit ihrer Aussagen einstimmen sollte. Die darauf folgende »Interrogatio specialis« mit ihren fast hundert Fragen erbrachte dann – unter Verwendung der geschilderten Instrumente – einen Befund, der die Inquisitoren meist befriedigte. Heute wissen wir, dass die damaligen Untersuchungsergebnisse mit der Wirklichkeit nichts zu tun hatten.

Hier soll nun kein ungehöriger Vergleich vorgenommen werden, wohl aber eine gewisse Seelenverwandtschaft konstatiert werden. Die Techniken, die heute zur Seelenerkundung herangezogen werden, machen ebenfalls vielen Angst und Bange, werden von nicht wenigen als Tortur erlebt und können manchmal durchaus an sadistische Rituale erinnern. Von psychologischen Tests im weitesten Sinne ist also die Rede und die hat es schon immer gegeben. Nach biblischer Überlieferung beginnt gar die Menschheitsgeschichte mit einem Test, den Adam und Eva gründlich vergeigt haben und deshalb aus dem Paradies vertrieben wurden. Laut Psyndex, einem Recherche- und Dokumentationssystem deutschsprachiger psychologischer Literatur und Tests, gibt es in Deutschland einstweilen über 5.300 psychologische Testverfahren, wobei die klinischen Tests nicht berücksichtigt sind. Die entferntesten Winkel der Persönlichkeit werden mit zum Teil skurrilen Methoden vermessen. Manches erinnert da durchaus an Hans Christian Andersen, den Märchenonkel aus Dänemark: »Nun sahen sie, dass sie eine Prinzessin war, weil sie durch die zwanzig Matratzen hindurch die Erbse gespürt hatte.« Es gibt aber durchaus Tests, die man in der Eignungsdiagnostik als zusätzliche Entscheidungshilfe nutzen kann. Und damit die Probanden – etwa als Bewerber bei der Polizei – derartigen Prozeduren nicht hilflos ausgeliefert sind, sollten sie wissen, was da mit ihnen veranstaltet wird, und wie sich die Möglichkeiten und Grenzen derartiger Schleichwege in die Seele gestalten.

6.1 Psychotests müssen Gütekriterien erfüllen

Messmethoden müssen bestimmte Gütekriterien erfüllen und das gilt natürlich auch für psychologische Testverfahren. Das Wissen über die psychodiagnostische Brauchbarkeit beziehungsweise Unbrauchbarkeit derartiger Verfahren wird einem nicht unbedingt helfen, einen Test zu bestehen, aber es kann dazu beitragen, dass bei schlechtem Abschneiden nicht auch noch das Selbstbewusstsein lädiert wird.

Eine falsche Diagnose kann – wie in der Arztpraxis – die vermeintlich festgestellten Defizite erst produzieren. In der Psychologie ist seit langem das Phänomen der »self-fulfilling prophecy« bekannt: Man muss einem Menschen nur häufig genug attestieren, dass er ein Versager ist, und schon bekommt derjenige – bei entsprechender Empfänglichkeit für solche Prognosen – kein Bein mehr auf die Erde.

Die folgenden Kriterien müssen psychologische Testverfahren – als Messinstrumente – wenigstens halbwegs erfüllen:

Objektivität
Nehmen wir ein Maßband, mit dem sich die Kragenweite ermitteln lässt. Dieses Maßband erfüllt das Kriterium der Objektivität, wenn verschiedene Schneider damit bei einem bestimmten Kunden Maß nehmen und jeweils derselbe Wert dabei herauskommt. Objektivität heißt, dass das Messergebnis unabhängig von der Person ist, die eine Messung durchführt.

Dies ist nicht selbstverständlich. Man denke an die Beurteilung von Deutschaufsätzen in der Schule. Auch hier wird ja »Maß« genommen, also eine Ziffer beziehungsweise Note ermittelt. Diverse Untersuchungen haben gezeigt, dass es manchmal sehr subjektiv zugeht und ein und derselbe Aufsatz – je nach beurteilendem Lehrer – Noten von eins bis fünf erzielen kann.

Auf diesem Gebiet haben psychologische Tests zweifellos ihre Stärke. Durchführung und Auswertung – meist computergestützt – sind standardisiert und damit vom Diagnostiker weitgehend unabhängig. Der »Nasenfaktor« (Sympathie oder Antipathie), der im Vorstellungsinterview manchmal den Ausschlag gibt, spielt bei psychologischen Testverfahren keine Rolle.

Zuverlässigkeit (Reliabilität)
Auch dieses Gütekriterium muss jedes brauchbare Messinstrument zumindest einigermaßen erfüllen. Reliabilität – auch als Zuverlässigkeit bekannt – heißt, dass eine Wiederholung des Messvorgangs zum selben Ergebnis führt.

Beispiel: Wenn mit einem Zollstock die Größe eines Menschen morgens um acht Uhr festgestellt wird und man diese Messung am nächsten Tag zum gleichen Zeitpunkt wiederholt, sollte derselbe Wert dabei herauskommen. Das ist nicht selbstverständlich, wenn man etwa an schriftliche oder mündliche Prüfungen denkt. Untersuchungen haben ergeben, dass viele Prüflinge nach der Bewährungssituation – wenn der Stress weg ist – mehr wissen als vorher. Das Messresultat, also das Prüfungsergebnis, kann auch davon abhängen, wie gut man die Nacht zuvor geschlafen hat.

Psychotests können niemals so zuverlässig sein wie ein Zollstock oder eine Personenwaage. Bei vielen Verfahren ergibt sich bei einer Testwiederholung ein mehr oder weniger abweichendes Resultat. So liegt es beispielsweise auf der Hand, dass das Ergebnis von Intelligenz- oder Konzentrationstests durch die Tagesform beeinflusst wird. Der Proband mit dem besten Ergebnis muss also nicht zwingend der beste sein – vielleicht hat er im Vergleich zu einem Mitbewerber nur einen besonders guten Tag erwischt.

Gültigkeit (Validität)
Was wird da eigentlich gemessen? Wer sich auf eine Waage stellt und 70 Kilogramm abliest, kann sicher sein, dass es sich um eine Aussage über das Merkmal Körpergewicht handelt. Die meisten Messgeräte, die wir im Alltag verwenden – vom Thermometer über das Tachometer bis zum Barometer – sind valide. Wir können sicher sein, dass sie das messen, was sie zu messen »behaupten«.

Wird aber mit der Frage »Schlafen Sie schnell ein, wenn Sie zu Bett gehen?« tatsächlich eine Persönlichkeitseigenschaft wie emotionale Belastbarkeit gemessen? Und selbst wenn dies der Fall wäre: Geben die Testkandidaten wirklich immer eine ehrliche Antwort? Wer als Bewerber offen seine Einschlafprobleme zugibt, verdient auf jeden Fall einen Punkt für Naivität. Ob die Testfrage aber etwas mit emotionaler Stabilität zu tun hat, ist nicht geklärt. Wer schnell einschläft, kann eine Hornhaut auf der Seele haben oder ein gleichgültiger Mensch sein, den alles kalt lässt. Bei den meisten psychologischen Testverfahren ist die Validität äußerst unbefriedigend.

Vergleichbarkeit
Wenn Messergebnisse nicht vergleichbar sind, haben sie wenig Wert. Man kennt das Problem von Schul- und Examensnoten in verschiedenen Bundesländern oder an Hochschulen. Ist eine in Hamburg erzielte Zwei im Fach Mathematik mit einer Zwei in Bayern vergleichbar?

Dazu ein praktischer Fall aus der Eignungsdiagnostik: Zwei Bewerber sind von einem Unternehmen zu einem Leistungstest eingeladen worden, in dem unter anderem Intelligenz und die Konzentrationsfähigkeit gemessen werden sollen. Kandidat A bereitet sich mithilfe von Testknackern gründlich vor, geht am Abend vorher rechtzeitig schlafen und erscheint topfit am nächsten Tag zum Test. Kandidat B hält nichts von Testknackern, aber viel von Feten und versackt am Abend vor dem Test mit seinen Freunden in einer Kneipe. Es passiert, was zu erwarten ist: Die Eignungsdiagnostiker bescheinigen Kandidat B einen suboptimalen Intelligenzquotienten und mangelnde Konzentrationsfähigkeit. Absage! Das Rennen machte Kandidat A, obwohl die Testergebnisse der beiden in keiner Weise vergleichbar sind. Über Bewerber B lässt sich nur sagen, dass er vermutlich verantwortungslos und undiszipliniert ist, aber darum ging es ja bei den Testverfahren gar nicht. In Sachen Vergleichbarkeit haben diese Methoden also ein großes Manko.

6.2 Gut vorbereitet in die Eignungstests

»Blätter« verhält sich zu »Laub« wie »Gras« zu? Was ist richtig? A. Blumen? B. Heu? C. Unkraut? Derartige Sprachanalogien kommen in fast allen Intelligenztests vor. Wer sich vorab darin übt, schneidet im Ernstfall gut ab. Da Mitbewerber dies allerdings auch tun, wird es bei den oberen Plätzen eng und wenn die »Bestenauslese« gilt, kann auch ein gutes Ergebnis nicht zum Ziel führen. Es gilt folglich, sich nicht nur gut, sondern sehr gut vorzubereiten.

Noch ein typisches Beispiel aus Intelligenztests, bei dem das logische Denkvermögen auf die Probe gestellt wird: 3, 4, 6, 9, 13? Wie geht die Zahlenreihe logischerweise weiter? Wenn Sie 18 als Lösung empfehlen und Sie 80 Prozent derartiger Aufgaben innerhalb einer bestimmten Zeit schaffen, wird Ihnen »induktives Denken mit Zahlen« und »Beweglichkeit im Denken« bescheinigt.

Aber das ist eben auch Übungssache und selbst wer mit unbekannten Aufgaben dieses Zuschnitts konfrontiert wird, ist im Vorteil, wenn er das jeweilige Konstruktionsprinzip kennt. Wer beispielsweise weiß, dass bei den Zahlenreihen alle vier Rechenarten benutzt worden sein können, um diese zu erstellen, kommt meist besser zurecht. Das alles hat nichts mit Schummeln zu tun, sondern sehr viel mit der Fähigkeit, sich nützliche Informationen zu verschaffen. Und nichts dem Zufall zu überlassen! Die Fähigkeit, sich auf Bewährungssituationen angemessen vorzubereiten, ist eine wichtige Schlüsselqualifikation.

> **Hinweis**
>
> Leistungstests versuchen in der Regel, Eigenschaften wie Intelligenz, Konzentrationsfähigkeit oder Kreativität zu erfassen. Ein gemeinsames Merkmal dieser Verfahren besteht darin, dass es ein Zeitlimit gibt und die Aufgaben innerhalb der vorgegebenen Zeit nicht zu schaffen sind. Wer das weiß, ist nicht unnötig frustriert, wenn er nicht alle Aufgaben bearbeiten konnte.
> Für die meisten Leistungstests ist weiterhin typisch, dass der Schwierigkeitsgrad der Aufgaben steigt. Wenn Sie bei bestimmten Aufgaben irgendwann nicht weiterkommen, heißt das nicht, dass Sie eine Blockade im Kopf haben.
> Wichtig bei derartigen Leistungstests ist eine kluge Zeiteinteilung. Und das gilt ja auch für den erfolgreichen Arbeitstag.

6.3 Was ist eigentlich Intelligenz?

Um es vorweg zu nehmen: Niemand weiß, was Intelligenz eigentlich ist, und dennoch gibt es unzählige Angebote, den Intelligenzquotienten – den berühmt-berüchtigten IQ – zu steigern. »Steigern Sie Ihre Intelligenz spielerisch«, hat die Synaptikon GmbH im Angebot, die immerhin damit wirbt, vom Bundesministerium für Gesundheit ausgezeichnet worden zu sein. Wer irrtümlicherweise glaubt, solch ein Training nicht nötig zu haben, wird aufgefordert, seinen »Gehirnwert« zu testen. Und dann wird man schon merken, dass man zu den geistig Armen gehört.

Mit der Intelligenz wird viel Unfug getrieben. Seit Jahren wird die US-Amerikanerin Marilyn vos Savants durch die Medien gereicht, der in einschlägigen Tests ein IQ von 167 bis 228 bescheinigt wurde. Wer nur halbwegs begabt ist, wird merken, dass das alles nicht stimmen kann. Es wäre so, als wenn man bei einem bestimmten Menschen mal eine Körpergröße von 1,67 und mal von 2,28 Metern ermittelt. Aber da weiß man immerhin, dass es sich um das Merkmal Größe handelt.

Was also ist Intelligenz? Natürlich gibt es Antworten auf diese Frage. Der amerikanische Lerntheoretiker Edward Thorndike meint: »Intelligenz ist dasjenige Merkmal, das eine Gruppe von Genies wie Newton, Einstein, Leonardo da Vinci, Shakespeare und Rabelais möglichst deutlich von den Insassen eines Heimes für geistig Behinderte unterscheidet.« Diese Definition ist nicht sonderlich geschmackvoll und keineswegs erhellend. Thorndikes Landsmann Edwin Boring geht in seiner Ironie noch einen Schritt weiter und stellt lakonisch fest, dass Intelligenz das sei, was Intelligenztests messen. Auf jeden Fall reden die Fachleute viel und gegeneinander – und der Laie ist durcheinander.

Wissen sollte man, dass es die Intelligenz nicht gibt, sondern bestenfalls diverse menschliche Eigenschaften, die etwas mit dem Denken zu tun haben. Einigkeit besteht in diesem Sinne darin, dass Intelligenz etwas Zusammengesetztes ist. Gesucht werden deshalb auch nicht »Intelligenzbestien«, die kaum in der Lage sind, beim Bäcker selbstständig Brötchen einzukaufen, sondern Menschen, die genau in jenen Merkmalen stark sind, auf die es bei der zu vergebenden Aufgabe ankommt. Verschaffen Sie sich einen Überblick über die wichtigsten »Intelligenzfaktoren«, damit Sie wissen, worum es bei den Tests geht.

Common Sense
Ja, er lebt noch! Aber lange Zeit ging es ihm gar nicht gut – dem gesunden Menschenverstand. Wer ihn sich bewahrt hat, denkt eher konkret-praktisch, etwa nach dem Motto: Wer die Wirklichkeit ignoriert, ist schon an ihr gescheitert. Personalberater können nur empfehlen, sich diesen Common Sense nicht abkaufen zu lassen. Wenn Zeitungsartikel mit dem Satz »Wissenschaftler haben herausgefunden, dass …« oder »Eine wissenschaftliche Studie hat ergeben …« beginnen, sollte man besonders kritisch sein und den eigenen Kopf befragen. Für viele Studien gilt der Grundsatz: Nenne mir den Auftraggeber und ich nenne dir das Ergebnis. Neuerdings gibt es Bewerber, die im Vorstellungsgespräch – sich auf Studien berufend – über die angeblich gravierenden und willkürlichen Einkommensunterschiede zwischen Männern und Frauen dozieren, das Konzept der Diversity abfeiern (heterogene Teams sind angeblich besonders erfolgreich) oder die »Work-Life-Balance« beschwören. Niedriger hängen und nichts unkritisch Angelesenes absondern!

Analysefähigkeit
Auch dies ist ein Lieblingsbegriff der Texter von Stellenangeboten. Wer hier stark ist, denkt überdurchschnittlich klar und folgerichtig und lässt sich nicht durch Scheinargumente um die Linde führen.

> **Praxis-Beispiel**
>
> Hier eine Testaufgabe:
> - Wenn einige Gauner Lumpen sind und
> - einige Lumpen Schwindler sind,
> - dann sind einige Gauner bestimmt Schwindler.
>
> Ist diese Schlussfolgerung wahr oder unwahr? Was meinen Sie?
> Und hier eine weitere Herausforderung zur Analysefähigkeit:
> - Wenn alle Schwindler Gauner sind,
> - aber keine Gauner Lumpen sind,
> - dann gibt es bestimmt keine Lumpen, die Schwindler sind.
>
> Ist diese Schlussfolgerung wahr oder unwahr?

Hier ist die Lösung: Die Schlussfolgerung in der ersten Aufgabe ist weder wahr noch unwahr, sondern aus den beiden Prämissen folgt gar nichts. Kann wahr sein – kann aber auch unwahr sein. Wer das erkennen will, muss in der hohen Schule der Logik zu Hause sein und wissen, dass Prämissen mit Teilmengen keine Schlussfolgerung zulassen. Im zweiten Beispiel ist die Schlussfolgerung wahr. Logik gehört seit jeher aus gutem Grund zu den Königinnen der Wissenschaften.

Theoretisch-rechnerisches Denken
Dieser Faktor kennzeichnet den »Zahlenmenschen«. Probanden, die hier gut abschneiden, sind besonders beweglich in ihrem Denken und haben die häufig geforderte Affinität zu Zahlen. Beispiel: An einer Hochschule erreichen 15 Prozent der Frauen und zehn Prozent der Männer sehr gute Noten. Wie viel Prozent erreichen insgesamt sehr gute Noten, wenn an der Hochschule 60 Prozent Frauen studieren? Für die einen ist das eine nicht zu knackende Denknuss und für andere ein Selbstgänger.

Sprachlogik
Wir denken im Gleis der Sprache! Es geht bei diesem Faktor um die sprachliche Abstraktionsfähigkeit. Menschen, die hier eine starke Ausprägung haben, benutzen die Sprache vorrangig, um die Welt sinnvoll zu »ordnen« und präzise zu kommunizieren. Das ist eine von Personalbeschaffern besonders nachgefragte Eigenschaft.

Sprachgefühl
Wir fühlen im Gleis der Sprache! Personen, bei denen dieses Merkmal stark ausgeprägt ist, haben ein Gespür dafür, was man mit Wörtern emotional an- und ausrichten kann. Meist beeindrucken sie zugleich durch ein ausgeprägtes Einfühlungsvermögen. Zeitarbeit oder Leiharbeit? Bewerber sind gut beraten, diesen Unterschied in der Anmutung zu verstehen. Gewerkschaftler sprechen grundsätzlich von Leiharbeit, denn die Assoziationen laufen wie von selbst in Richtung Sklaverei und Menschenhandel. Das Wort »Zeitarbeit« ist dagegen eher emotional neutral besetzt und wird deshalb von den Arbeitgebern und natürlich den Zeitarbeitsfirmen konsequent verwendet.

> **Hinweis**
>
> Was wissen wir über einen Menschen, wenn wir wissen, dass er einen Intelligenzquotienten von 146 hat? Nichts – jedenfalls nichts von Bedeutung. Einstein soll einen IQ in dieser Ausprägung gehabt haben. Wer aber nur dies über Einstein weiß, weiß nichts über Einstein. Worauf kommt es also an? Von Bedeutung ist, was ein Mensch mit seiner intellektuellen Leistungsfähigkeit macht. Zins- und Abgasmanipulation geschickt arrangieren? Schmiergelder zahlen, von denen niemand etwas merkt? Die Wettbewerbsfähigkeit eines Unternehmens unter Einhaltung von Regeln steigern? Und genau das interessiert einen potenziellen Arbeitgeber nach vielen Skandalen mehr denn je: Wird der Bewerber im Fall seiner Anstellung seine Intelligenz auch intelligent einsetzen?

6.4 Worum es bei Persönlichkeitstests geht

Leistungstests zielen ab auf Leistungsmerkmale wie Intelligenz, Konzentrationsfähigkeit, Merkfähigkeit oder Kreativität. Persönlichkeitstests versuchen dagegen, Charaktereigenschaften zu erfassen. Derartige Tests dürfen in Ruhe ohne Zeitdruck durchgeführt werden, bisweilen schicken Personalberater ihren Bewerbern solche Tests nach Hause.

Welchen Erkenntnisgewinn bringen Persönlichkeitstests? Nach Auskunft von Alex Buchholz, ehemaliger Chef der Berufspilotenvereinigung »Cockpit«, könnten 75 Prozent aller Abstürze durch die richtige Auswahl der Piloten und gute Aus- und Weiterbildung verhindert werden. Die meisten Totalverluste haben Luftlinien aus den Ländern zu verbuchen, in denen eignungsdiagnostische Untersuchungen für Pilotenanwärter überhaupt nicht angewendet werden.

Wenn Bewerber, die gar kein Pilot werden wollen, mit einem Persönlichkeitstest konfrontiert werden, dann ist es oft der unter maßgeblicher Mitwirkung der Lufthansa weiter entwickelte »16 Personality Factors Test« – kurz »16 PF« – des amerikanischen Psychologen Raymond Cattell. Dieser Test gehört international zu den besonders anerkannten Verfahren. Er besteht aus 192 Testfragen, die 16 Persönlichkeitseigenschaften erfassen.

Die Hauptfaktoren des 16-PF-Tests
Persönlichkeitsmerkmale muss man sich als Polaritäten vorstellen (warm und kalt, hell und dunkel, klug und dumm), das heißt, sie werden durch Extreme bestimmt. Die Eigenschaft »geizig« ergibt nur einen Sinn durch die Eigenschaft »großzügig« oder »verschwenderisch«. Ebbe ist nur vorstellbar, weil es auch die Flut gibt. Hier sind die 16 Eigenschaften, die der besprochene Test zu erfassen versucht.

A	Sachorientierung versus Kontaktorientierung
B	Konkretes Denken versus abstraktes Denken
C	Emotionale Störbarkeit versus emotionale Widerstandsfähigkeit
E	Soziale Anpassung versus Selbstbehauptung
F	Besonnenheit versus Begeisterungsfähigkeit
G	Flexibilität versus Pflichtbewusstsein
H	Zurückhaltung versus Selbstsicherheit
I	Robustheit versus Sensibilität
L	Vertrauensbereitschaft versus skeptische Haltung
M	Pragmatismus versus Unkonventionalität
N	Unbefangenheit versus Überlegtheit
O	Selbstvertrauen versus Besorgtheit

Q1 Offenheit für Veränderung versus Traditionalismus
Q2 Gruppenverbundenheit versus Eigenständigkeit
Q3 Spontaneität versus Selbstkontrolle
Q4 Innere Ruhe versus innere Gespanntheit

In der Praxis sieht der Ablauf folgendermaßen aus: Zunächst wird das Anforderungsprofil der zu besetzenden Position festgelegt – Welche Eigenschaften sind besonders wichtig und auf welche könnte man verzichten? –, dann das Persönlichkeitsprofil der Bewerber in der engeren Wahl ermittelt. Aus einer hohen Übereinstimmung der Profilverläufe wird die Prognose abgeleitet, dass der Interessent die fragliche Aufgabe mit Erfolg bewältigen wird.

Die folgende Abbildung zeigt ein Beispiel für ein ermitteltes Persönlichkeitsprofil. Das Anforderungsprofil der Aufgabe wird dann darüber gelegt und sofort werden die Übereinstimmungen beziehungsweise Abweichungen erkennbar.

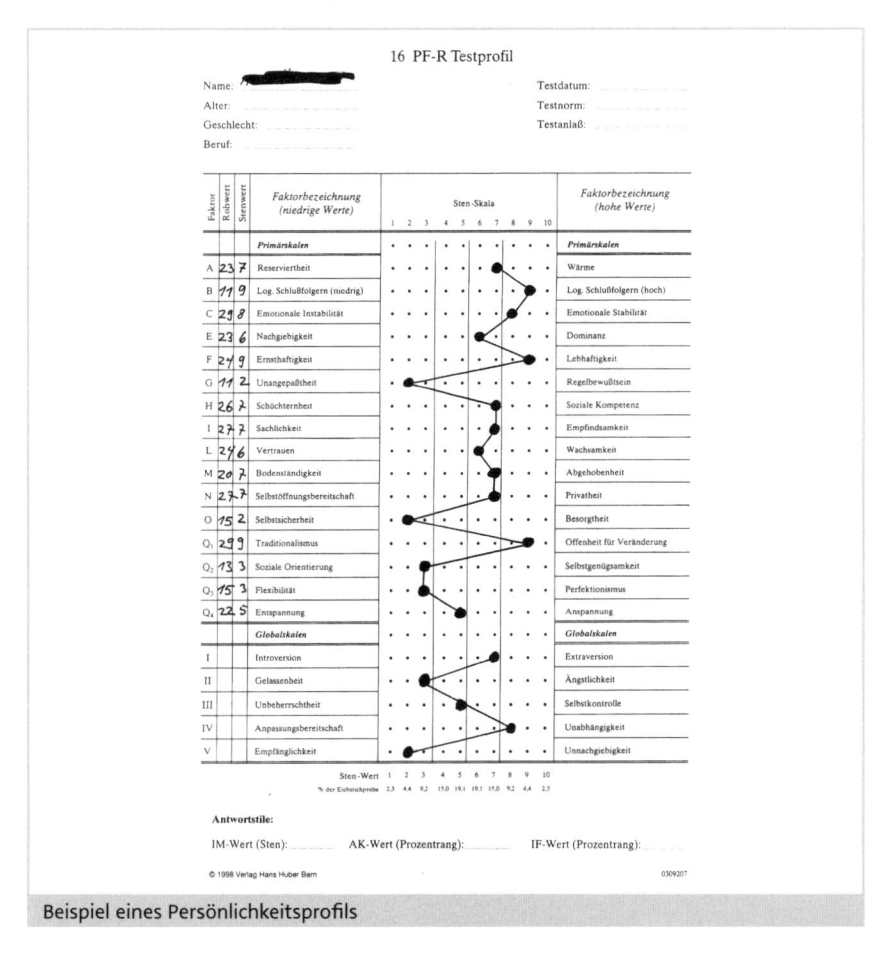

Beispiel eines Persönlichkeitsprofils

Der 16-PF-Test besteht aus 184 Items, die man sich folgendermaßen vorstellen kann (das Fragezeichen bei den Antwortmöglichkeiten steht für »Weiß nicht«):

> **Beispiel 1**
> Unsere Welt braucht
> a. mehr solide und verlässliche Bürger
> b. ?
> c. mehr Reformer, die einen klaren Standpunkt haben, wie man die Verhältnisse verändern kann
> (Bitte entscheiden Sie sich für a, b oder c)

> **Beispiel 2**
> Bei routinemäßiger Arbeit fühle ich mich
> a. gelangweilt und müde
> b. ?
> c. sicher und zufrieden
> (Bitte entscheiden Sie sich für a, b oder c)

Allein diese beiden Beispiele zeigen die Schwächen das 16-PF auf. Die Items sind mehr oder weniger durchschaubar. Wer sich beispielsweise als Change Manager bewirbt, weiß, was er anzukreuzen hat.

> **Achtung**
> Wer einigermaßen wach ist, merkt bei vielen Testfragen, auf welche Persönlichkeitseigenschaften diese abzielen. Aber Vorsicht: Es gibt Testfragen, mit denen Simulanten entlarvt werden. Es handelt sich um einen versteckten Lügentest im Test. Versuchen Sie also nicht, sich zu positiv darzustellen. Bei einem Testitem wie »Mir gelingt alles, was ich mir vornehme«, kreuzen Sie lieber nicht Ja an.

6.4.1 Nehmen Sie nicht alles ernst!

Wir sind alle Psychodiagnostiker – einige von uns eher grobe und andere feine –, Raphael Schermann war ein ganz feiner. Der berühmte Graphologe tingelte in den 1920er und 1930er Jahren von Auftritt zu Auftritt und versetzte mit seiner Menschenkenntnis alle Welt in Erstaunen. Irgendwann hatte sich herumgesprochen, dass der erfolgreiche Seelenkundler unglücklich verheiratet war und so wurde er nach einer Vorstellung von einem Bewunderer gefragt, ob er denn vor der Eheschließung niemals die Handschrift seiner Frau gesehen habe. »Aber ich bitt' Sie«, sprach der Meister, »meine graphologischen Kenntnisse sind doch nur für die Leut'!« Raphael Schermann war ein Scharlatan und räumte dies freimütig ein.

Worum es bei Persönlichkeitstests geht 6

Praxis-Tipp

Lassen Sie nicht alles mit sich machen. Es gibt Tests, die so schlecht sind, dass es genauso sinnvoll wäre, die berufliche Zukunft von Bewerbern aus dem Kaffeesatz herauszulesen oder mit einem Würfel zu ermitteln. Das geht zumindest schneller. Erfragen Sie den Namen des Testverfahrens und recherchieren Sie später im Internet. Wenn Sie keine Angaben zu den Gütekriterien oder überhaupt zu den Tests finden, vergessen Sie das Ergebnis einfach.
Schauen Sie einmal unter www.testzentrale.de nach. Hier finden Sie das Testangebot des Hogrefe Verlags. Wenn ein Test hier aufgelistet ist, können Sie davon ausgehen, dass die Gütekriterien überprüft wurden und der Test den Mindestanforderungen genügt.

Zum Abschluss des Kapitels noch eine Warnung vor vier »Instrumenten der Menschenkenntnis«, die besonders bekannt sind, aber mit besonderer Vorsicht »genossen« werden sollten.

Graphologie

Hätte man sich die Unterschrift Adolf Hitlers unter dem Münchner Abkommen von 1938 nur etwas genauer angesehen, bemerkte einmal ein Graphologe, dann wäre der Welt möglicherweise manches erspart geblieben. Er sagte es allerdings erst nach 1945. Die Handschriftdeutung wurde schon immer maßlos überschätzt. Peter R. Hofstätter, ehemaliger Professor für Psychologie an der Universität Hamburg, hat einmal geschrieben: »Wir erkennen zwar Menschen an ihren Gesichtszügen, Handschriften, Ohrmuscheln und Tastleisten wieder, aber wir lernen sie durch diese nicht wirklich kennen.«

Aus diversen Untersuchungen ist bekannt, dass sich aus dem Schriftbild am ehesten noch das Geschlecht des Schreibers beziehungsweise der Schreiberin herauslesen lässt. Es gibt allerdings einfachere und preiswertere Methoden, um herauszufinden, ob jemand eine Frau oder ein Mann ist. Die Empfehlung zu diesem Thema lautet: Ein Unternehmen, das von Bewerbern eine Handschriftenprobe verlangt, muss sich die Frage gefallen lassen, ob es nicht längst aus der Zeit gefallen ist.

Hinweis

Max Pulver entwickelte 1930 die Lehre von der Raumsymbolik. Wenn das gesamte Schriftbild nach links kippt, habe man es mit einer in der Vergangenheit verhafteten Person zu tun, während die sich nach rechts neigende Schrift Zukunftsorientierung signalisiere. Das ist ein ausgemachter Schwindel, der sich offenbar noch heute gut verkaufen lässt. Auch im Jahr 2016 erscheinen immer noch Stellenangebote mit der Bitte, eine Handschriftenprobe einzureichen.

Unbestritten bleibt, dass das Schriftbild einer Person in gewisser Hinsicht auch deren Einmaligkeit ausdrückt. Aber das war einmal. Schreiben wir überhaupt noch so viele Texte mit der Hand, um ein persönlichkeitsspezifisches Schriftbild entwickeln zu können? Kurzum: Der Berufsstand der Graphologen kämpft um Marktanteile in der Eignungsdiagnostik. Für eine Entscheidungsfindung sind derartige Gutachten unbrauchbar. Es gibt viele Frauen und Männer, die trotz ihrer »Sauklaue« beruflich überdurchschnittlich erfolgreich sind. Und damit sind nicht nur Ärzte gemeint.

Lüscher-Farbtest

Farben bestimmen unser Gefühlsleben. Blau ist die Farbe der Beruhigung, Grün der spannungsvollen Energie, Rot der Aktivität und Gelb der freien Entfaltung. Seit jeher versucht man auch aus den Lieblingsfarben einer Person Rückschlüsse auf die Persönlichkeit zu ziehen. Ist beispielsweise Schwarz Ihre Lieblingsfarbe? Professor Dr. Max Lüscher – der Erfinder des gleichnamigen Farbtests, der vor allem Ende des 20. Jahrhunderts Furore gemacht hat, gibt dazu folgendermaßen Bescheid: »Anhänger von Schwarz haben einen eigensinnigen Anspruch auf Geltung und wollen sich Respekt verschaffen. Dadurch verschließen sie sich Gefühlen und wirken leicht hart und intolerant. Sie halten hartnäckig an ihrer Meinung fest und wollen ihre eigenwilligen Wünsche durchsetzen.«

Die Sache mit den individuellen Farbpräferenzen und ihrer psychodiagnostischen Bedeutung hat leider gleich mehrere Schönheitsfehler. So ist beispielsweise unübersehbar, dass der Modezar Karl Lagerfeld durchgesetzt hat, dass immer mehr Menschen die »Farbe« Schwarz allen anderen vorziehen. Wenn diese modebewussten Leute morgen aufgrund eines neuen Trends auf Giftgrün oder Mausgrau umschwenken, bekommen sie nach Lüscher ein neues Psychogramm verpasst. Der bisherige Charakter landet dann bei der Kleidersammlung.

Und was ist eigentlich mit den Farbenblinden? Oder mit jenen fast fünf Prozent Männern, die unter Rot-Grün-Blindheit leiden? Trifft auf sie im Fall der Fälle das Psychogramm der »Roten« oder der »Grünen« zu oder sind sie charakterlos? Und wo bleiben die an Tritanopie (»Blaublindheit«) leidenden Mitmenschen? Immerhin ist ja denkbar, dass ihnen Gelb beziehungsweise Blau am besten gefallen würde, wenn sie es nur sehen könnten.

> **! Hinweis**
>
> Natürlich achtet ein Personalexperte auf die Entscheidungen, die Bewerber bezüglich der Farbauswahl treffen: Eine Kombination aus nicht aufeinander abgestimmten Blautönen zum Beispiel weist auf mangelhafte Stilsicherheit und damit auch auf ein defizitäres Bewusstsein bezüglich der eigenen Außenwirkung hin.

Staff

Es gibt psychologische Testverfahren, die den Eindruck vermitteln, als arbeiteten alle Beteiligten gemeinsam an der Überwindung der Vernunft. »Staff – ein Test für Bewerber, der fast alles verrät«, lobte einmal eine Tageszeitung dieses Verfahren. Eine Frage von insgesamt 27 Testitems lautet: »Würden Sie lieber mehr oder weniger arbeiten als jetzt?« Was verrät die Antwort über einen Bewerber? Wer »weniger« antwortet, ist entweder ein Scherzkeks oder jemand, der vom Arbeitsamt geschickt wurde und eine Absage provozieren möchte. Aber welche Erkenntnisse gewinnt man über einen Bewerber, der sagt, dass er gern mehr arbeiten möchte? Ist dieser Mensch ein Lügner oder ein Workaholic? Auch möchte man die Frage nachschieben, wer ihn bisher daran gehindert hat, sich den Wunsch nach Mehrarbeit zu erfüllen?

Rorschach-Test

Der Rorschach-Test ging ursprünglich aus der Beschäftigung mit »Geisteskranken« hervor. Einer Testperson werden bei diesem Verfahren zehn Karten gezeigt, auf denen jeweils eine undeutliche schwarze oder mehrfarbige Klecksfigur abgebildet ist. Die Antworten auf die Frage, was die symmetrischen Klecksfiguren darstellen könnten, werden dann nach einem bestimmten Schlüssel gedeutet, das heißt, es wird ein Charakterbild erstellt. Die Grundidee besteht also in der Annahme, dass die Deutung solcher Gebilde etwas über die Persönlichkeit des Betrachters verrät.

Was sich hier nach einem besonders subtilen Schleichweg in die Seele anhört, öffnet in Wirklichkeit Willkür und Subjektivität Tür und Tor. So stammen beispielsweise die Interpretationshilfen aus lichter Vorzeit. Damals sahen die Probanden gern Schmetterlinge, Fledermäuse, Bären, Tintenfische, Spinnen oder Beckenknochen. Heute kommt es vor, dass Testpersonen in manchen Klecksen den Eurofighter oder eine Flasche Moët & Chandon zu erkennen meinen. Diese Wahrnehmungsmuster sind allerdings laut Testhandbuch gar nicht vorgesehen. Möglicherweise lautet dann das Urteil »abnorme Persönlichkeit«. Zusammenfassend lässt sich sagen, dass das Rorschach-Verfahren wertlos ist.

Schleichwege in die Seele: Psychotests

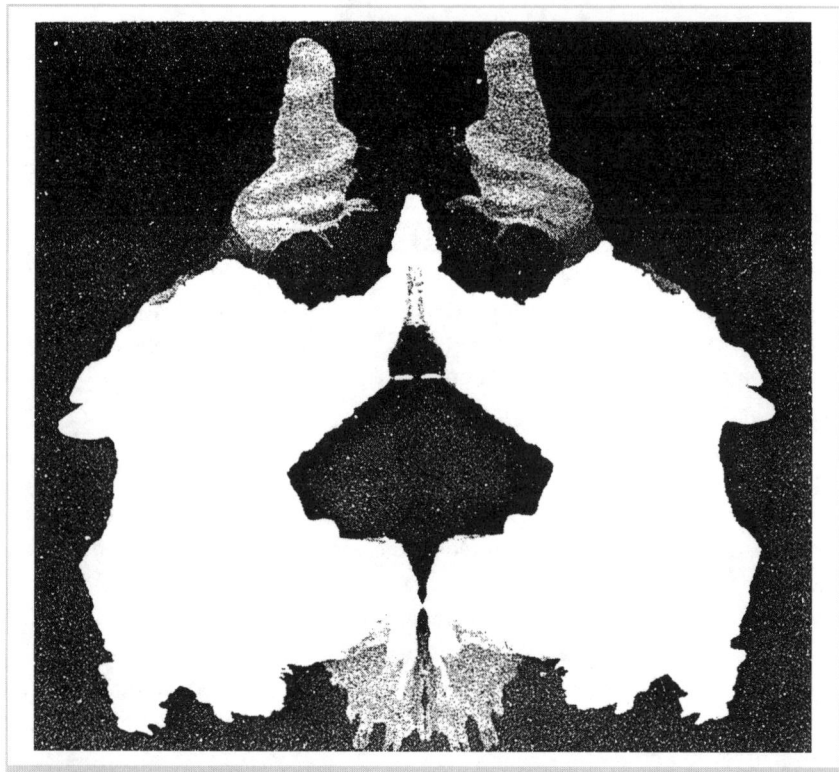

Eines der Bilder des Rorschach-Tests

Interessant ist an den Tintenklecksen etwas ganz anderes. Es geht um die menschliche Neigung, in unstrukturierte, also letztlich sinnlose Gebilde, etwas hineinzudeuten. In der Psychologie spricht man von der »Intoleranz gegenüber Mehrdeutigkeiten«. Wir möchten wissen, woran wir sind und laden deshalb im Zweifelsfall unklare Verhältnisse mit Sinn auf. Was passiert in einem Betrieb, wenn keiner so recht weiß, wie es weitergehen wird? Der Flurfunk wird aktiv und es entstehen Gerüchte. Gerüchte sind nichts anderes als Interpretationen und Deutungen, deren Nährboden die Unklarheit ist. Das gleiche Schicksal widerfährt einem Bewerber, der sich im Vorstellungsinterview unklar verhält oder dessen Bewerbungsunterlagen Lücken aufweisen. Er wird Opfer von Deutungen, die meist zu seinem Nachteil ausfallen.

7 Stress am Postkorb: das Assessment-Center

Die Assessment-Center-Methode (englisch »assessment« = »Einschätzung«, »Beurteilung«) gehört seit Jahren zum eignungsdiagnostischen Repertoire vieler Unternehmen und macht manchen Jobsuchern Angst und Bange. Sachlich betrachtet stellt das Assessment-Center (AC) eine deutliche Erweiterung des üblichen eignungsdiagnostischen Repertoires dar, weil

- die Anforderungen für die zu besetzenden Positionen typisch sind,
- Leistungs- und Verhaltensproben vor allem auch auf soziale Kompetenz abzielen und
- die Bewerber Belastungen ausgesetzt werden, die im Vorstellungsgespräch nicht simulierbar sind.

Wer eine Einladung zu einem Assessment-Center erhält, hat schon gewonnen, denn eine kostenlose Trainingsmöglichkeit in Soft Skills wie Kommunikationsfähigkeit, Durchsetzungsvermögen und Teamkompetenz ist einem allemal sicher. Andererseits ist es freilich nicht unanständig, wenn Sie mit dem sportlichen Vorsatz in die anstehende Bewährungssituation gehen, gewinnen zu wollen. Was erwartet einen Bewerber in einem AC?

7.1 Kurzvortrag

Am Anfang steht meist ein Kurzvortrag über ein Thema der eigenen Wahl – möglichst mit persönlichem Bezug. Wer in ein Assessment-Center geht, ohne sich darüber vorab Gedanken gemacht zu haben, handelt fahrlässig. Lampenfieber? Keine Sorge! Firmen mit einer zeitgemäßen Unternehmenskultur suchen keine kaltschnäuzigen Funktionsträger. Minuspunkte bekommt also nicht, wer einmal den Faden verliert, sondern derjenige, der ihn nicht wiederfindet.

> **Achtung** !
>
> Es kann passieren, dass Sie für die Vorbereitung Ihres Vortrags 30 Minuten Zeit bekommen und diese Phase bereits nach 20 Minuten abgebrochen wird. Etwa: »Aus organisatorischen Gründen beginnen wir sofort mit den Kurzvorträgen.« Jetzt ist Flexibilität gefragt. Es ist für diesen Fall also sehr wichtig, zuerst eine gute Disposition zu erstellen, damit Sie zur Not bei den letzten Punkten improvisieren können.

7.2 Präsentation

Viele AC-Teilnehmer liefern bei ihren Präsentationen einen unappetitlichen Informationsbrei ab. Hier eine Empfehlung, wie sich eine Präsentation mittels der Fünf-Punkte-Formel gut strukturieren lässt:
1. Interesse wecken
2. Sagen, worum es geht (Ziel/Standpunkt/Kerninformation)
3. Standpunkt begründen (Argumente)
4. Beispiel(e) bringen (Anschauung)
5. Zum Handeln auffordern (Appell)

> **Praxis-Tipp**
> Ein wichtiges Prinzip von Politik und Wirtschaft lautet: Die Verantwortung muss immer lokalisierbar sein. Es gibt bekanntlich einen Jargon, mit dem vorbeugend vermieden werden soll, dass man im Ernstfall beim Wort genommen werden kann: »Ich würde meinen wollen, dass ...«, »Man hätte womöglich besser ...«, »Man sollte vielleicht ...«, »Man könnte eventuell ...«. Am Ende will es dann keiner gewesen sein. Zeigen Sie im AC, wofür Sie stehen. Natürlich müssen Sie auch diplomatisch sein – aber die Diplomatie endet, wo Sie sich selbst verraten oder konturlos werden.

7.3 Gruppendiskussion

Im Mittelpunkt der Assessment-Center-Methode stehen meist kontroverse Gruppendiskussionen. Dabei wird das Kommunikations- und Sozialverhalten der Teilnehmer von geschulten Beobachtern bewertet. Unter anderem geht es um die Frage, inwiefern jemand die Gratwanderung zwischen Durchsetzungsvermögen und Teamfähigkeit schafft. Wer mit dem Vorsatz in ein AC geht, die anderen an die Wand zu fahren, wird als Bewerber ebenso wenig weiterkommen wie jemand, der vor lauter Harmoniebedürfnis keine Ecken und Kanten zeigt. In der Regel werden bei einer Gruppendiskussion folgende Verhaltensmuster protokolliert:
- Initiative ergreifen
- Lösungen vorschlagen
- Koordinieren
- Gemeinsamkeiten zwischen abweichenden Standpunkten feststellen

Diese Verhaltensweisen sind konstruktiv-leistungsorientiert und werden deshalb positiv bewertet. In jedem erfolgreichen Team werden aber auch Mitglieder gebraucht, die etwas für das Binnenklima und damit den emotionalen Zusammenhalt tun. Es ist also durchaus vorteilhaft, sich im AC auf die folgenden Rollenfunktionen (konstruktiv-sozioemotional) zu verlegen:

- Auf andere und deren Ideen positiv eingehen
- Auf einen vernünftigen Umgangsstil achten
- Kontroverse Meinungen versöhnen
- Konflikte deeskalieren

Die hier aufgeführten Rollen stehen für die Schlüsselqualifikation Team- und Integrationsfähigkeit und im Zweifelsfall schneiden Sie gut ab, wenn Sie sich genau auf diesem Feld als kompetent erweisen.

> **Tipps**
> Zeigen Sie Verhaltensmuster, die die Gesprächsmoral fördern und gut für das Binnenklima im Team sind. Etwa:
> - »Lassen Sie doch bitte Herrn X ausreden.«
> - »Ich schlage vor, noch einmal die interessante Idee von Frau Y aufzugreifen.«
> - »So weit liegen Sie mit Ihren Vorstellungen gar nicht auseinander. Der gemeinsame Ansatz bei Ihnen beiden besteht ja darin, dass …«
> - »Ich schlage vor, die Redezeit für jeden auf drei Minuten zu begrenzen.«

7.4 Postkorb

Typisch für jedes AC ist der Postkorb, der fast schon zum Synonym dieses Verfahrens der Eignungsdiagnostik geworden ist. Im Rahmen dieser Übung haben die Teilnehmer diverse E-Mails, Notizen, Briefe und Geschäftsvorgänge zu sichten, zu bewerten und zu bearbeiten. Dabei geht es um folgende Fähigkeiten:
- Alle Informationen im komplexen Zusammenhang zu bewerten
- Prioritäten zu setzen
- Nicht in Hektik zu geraten
- Dennoch schnell zu entscheiden

> **Praxis-Tipp**
> Wer jeden Vorgang isoliert betrachtet und alles hübsch der Reihe nach abarbeitet, fällt im »Postkorb« durch. Hilfreich sind die folgenden Leitfragen:
> - Nehme ich alle Informationen auch im Detail auf?
> - Was hängt womit zusammen?
> - Was ist wirklich wichtig?
> - Was muss ich selbst erledigen und was sollte ich delegieren?

Genau diese Fragen haben viel mit dem zukünftigen beruflichen Erfolg zu tun und deshalb hat die AC-Methode von allen Auswahlverfahren oft die größte Nähe zu den späteren Anforderungen im Betrieb.

Stress am Postkorb: das Assessment-Center

Lesen Sie im Folgenden bitte drei typische Beispiele aus einem »Postkorb«. Wie entscheiden Sie jeweils?

- Liegen lassen?
- Delegieren? Und gegebenenfalls an wen?
- Termin selbst wahrnehmen?
- Brief oder E-Mail formulieren?
- Welchen Inhalts?

Vorgang 1

Dr. Hans Schneider
29.3.20xx

Sehr geehrter Herr Hoffmann,

wie Sie wissen, soll die neue Umgehungsstraße B 404 direkt an unseren Grundstücken vorbeigeführt werden. Nicht nur, dass wir je fünf Meter von unseren Grundstücken abtreten müssen, wir werden auch größter Lärmbelästigung ausgesetzt.

Nun hat sich eine Möglichkeit ergeben, dass ein Lärmschutzwall errichtet werden könnte. Voraussetzung ist, dass jeder Hauseigentümer aus unserer Straße zu der Versammlung mit dem Straßen-Planungsamt erscheint und entsprechend abstimmt.

Termin: Mittwoch, den 6.4.20xx um 10.00 Uhr

Ich rechne unbedingt mit Ihrem Kommen.

Mit freundlichen Grüßen

Dr. Hans Schneider

Vorgang 2
Amtsgericht

Herrn
Thomas Hoffmann
Grübenstraße 3
34567 Bamburg

29.3.20xx

Schöffe am Arbeitsgericht

Sehr geehrter Herr Hoffmann,

die Amtszeit der ehrenamtlichen Schöffen an unserem Gericht läuft jetzt aus und wir bestellen zurzeit neue Schöffen.

Als Schöffen kommen nur unbescholtene, ehrbare Mitbürger infrage, die sich darüber hinaus durch ihre berufliche Praxis als erfolgreiche und sorgfältig handelnde Menschen ausgewiesen haben.

Der Tätigkeit als Schöffe kann man sich nur in sehr begründeten Ausnahmefällen entziehen.

Bitte finden Sie sich am Dienstag, 5.4.20xx von 15:00 bis 18:00 Uhr im großen Saal des Amtsgerichtes ein, wo die Einweisung und Vereidigung stattfindet.

Mit vorzüglicher Hochachtung

Dr. W. Gross

Stress am Postkorb: das Assessment-Center

> **! Vorgang 3**
>
> HAUS UND GRUND GMBH
> Postfach 1177
> 00000 Dollheim
> 29. März 201x
>
> *Per Einschreiben*
>
> Sehr geehrter Herr Hoffmann,
>
> Sie wohnen jetzt seit zwei Jahren in unserem Haus und wir glauben sagen zu können, zur gegenseitigen Zufriedenheit. Das soll so bleiben und wir werden unsererseits alles dazu tun.
>
> Nun sind in den letzten Jahren allgemein die Mieten angestiegen und dem können auch wir uns nicht entziehen. Daher sehen wir uns gezwungen, entsprechend §§ 2, 5, 33 Ihres Mietvertrags die monatliche Miete um 25 Prozent ab 1.12. dieses Jahres anzuheben. Dafür haben Sie sicherlich Verständnis, obgleich das für Sie vermutlich keine angenehme Information ist.
>
> Wir bitten Sie, uns bis zum 4.4.20xx Ihre Zustimmung zu geben, ansonsten sind wir gezwungen, Ihren Mietvertrag fristgerecht zum 31.12.20xx zu kündigen.
>
> Mit freundlichen Grüßen
>
> Helmut Sauer
> Geschäftsführer

Haben Sie es gemerkt? Der erste Vorgang (Lärmschutzversammlung) ist unwichtig, da aus dem dritten Vorgang hervorgeht, dass Herr Hoffmann Mieter ist. Der Empfänger ist also versehentlich in den Verteiler geraten. Und hier die Musterlösung für den dritten Vorgang (Mieterhöhung Haus und Grund GmbH): gegen Brief, Fristsetzung, Mieterhöhung und Kündigungsandrohung schriftlich Einspruch einlegen und um ein klärendes Gespräch bitten. Die Angelegenheit könnte auch rein juristisch nach dem Mieterschutzgesetz als gegenstandslos betrachtet werden.

Bei dem zweiten Vorgang (Schöffe beim Amtsgericht) muss einem auffallen, dass die Fristsetzung inakzeptabel ist. Das Schreiben ist auf den 29.3. datiert und am 4.4. sollen die Angeschriebenen zur Vereidigung erscheinen, obwohl das Amtsgericht seit Monaten weiß, wann neue Schöffen vereidigt werden müssen.

Was hier an drei Beispielen noch einigermaßen zu durchschauen ist, wird bei 15 bis 20 Vorgängen schnell unübersichtlich. Die folgende Strategie hat sich als Methode zur Bearbeitung bewährt und ist auch auf den Postkorb anwendbar. Gehen Sie in dieser Reihenfolge vor, wenn Sie mit komplexen Aufgaben konfrontiert werden.

Beschreibung
Sammlung aller bedeutsamen Informationen zum Thema. Hier sind Teams besonders erfolgreich, weil unterschiedliche Perspektiven berücksichtigt werden.

Kernfrage: »Was ist Sache«?

Kontextbestimmung
Ein Sachverhalt begründet sich selten aus sich selber. Die Bemühung um das Verständnis der Zusammenhänge zwischen dem Thema/Problem und den Umfeldbedingungen löst die Perspektive aus der starren Betrachtung des Kernproblems. Dafür ist ein »Helikopter-Blick« notwendig.

Kernfrage: »Was hängt womit zusammen?«

Analyse/Entscheidung
Vernunftbetontes Handeln setzt die Kenntnis aller wichtigen Informationen und ihrer Zusammenhänge voraus. Erst danach ist eine Erklärung für den gegenwärtigen Zustand beziehungsweise eine Entscheidung hinsichtlich zu treffender Maßnahmen möglich.

Kernfrage: »Was soll/muss sinnvollerweise getan werden?«

7.5 »Dschungelübung«

Die Situation
Sie befinden sich auf einer Studienreise. Beim Flug von Rio de Janeiro zu einer Dschungelstation muss das Flugzeug, in dem Sie sich befinden, notlanden. Die Piloten sind verwundet. Die Maschine haben sie in einem Sumpf aufgesetzt und sind stecken geblieben. Die Maschine sinkt schnell ein und Sie haben nur wenige Minuten Zeit, um das Notwendigste zu retten und auf trockenes Land zu bringen.

Sie waren noch nie in der Gegend, Sie wissen nur, dass Sie einen Nebenfluss finden müssen, der in einen Hauptfluss mündet, mit dessen Verlauf Sie zu einer Dschungelstation kommen. Sie haben nichts anderes bei sich, als das, was Sie am Körper tragen. Vor Ihnen liegen 15 Gegenstände, die Sie aus dem Flugzeug in aller Eile gerettet haben (siehe folgende Liste). Es ist unmöglich, alles auf den bevorstehenden Marsch durch den tropischen Regenwald mitzunehmen. Sie müssen also eine Auswahl treffen.

Aufgabe
Treffen Sie bitte individuell eine Entscheidung über sechs Gegenstände, die Sie für das gemeinsame Überleben der Gruppe als besonders wichtig erachten. Einigen Sie sich gemeinsam darüber, welche sechs Gegenstände von den aufgeführten Sie mitnehmen wollen:
- Schlauchboot
- Radio mit Batterien
- Fallschirm
- Zelt
- Acht Kartons Cornflakes
- Fünf Plastikbehälter mit Trinkwasser (je zehn Liter)
- Smartphone
- Kompass
- Drei Moskitonetze
- Erste-Hilfe-Koffer
- Zwei Macheten
- Zwei Gewehre mit Munition
- Packung Streichhölzer
- Außenborder mit 20 Liter Benzin
- Beil

Übung ausprobieren
Die »Dschungelübung« kann man sehr schön mit Freunden und Bekannten durchspielen. Dabei geht es im AC bei dieser Übung nicht um die richtige Lösung – »Nehmen wir den Kompass oder lieber die Cornflakes?« –, sondern um soziale Kompetenz, also um Eigenschaften und Verhaltensmuster, die bereits bei den »Gruppendiskussionen« besprochen wurden. Solche verfremdeten Aufgaben werden gern gestellt, damit niemand durch einschlägige Fachkenntnisse gegenüber anderen Probanden einen Vorteil hat.

8 Psychogramme schwieriger Interviewpartner

Wer ein Bewerbungsgespräch nicht als Opfer von Beobachtung, Analyse und Bewertung antreten und verlassen möchte, muss sich mit einigen Grundsätzen der praktischen Menschenkenntnis befassen und diese anwenden. Ein guter Grundsatz stammt von Johann Wolfgang von Goethe: »Die Pflanze gleicht den eigensinnigen Menschen, von denen man alles haben kann, wenn man sie nach ihrer Art behandelt.«

Als Bewerber möchte man einen Job haben und so hört sich dieser Grundsatz natürlich recht interessant an. Doch Menschen »nach ihrer Art« behandeln – das ist die Hürde. Dies setzt voraus, erst einmal zu erkennen, wie der andere »gestrickt« ist.

> **Praxis-Tipp**
> Es geht zu wie in der Arztpraxis: Eine falsche Diagnose kann kaum zu einer richtigen Behandlung führen. Wenn Sie als Bewerber gar nicht erst versuchen, sich ein Bild von Ihrem Gesprächspartner zu machen oder wenn dies falsch ist, bleibt der »richtige« Umgang Glückssache.

Setzen Sie sich einmal mit den nun folgenden »Typen« auseinander. Der eine oder andere könnte im Zuge der Jobsuche Ihr Gesprächspartner sein. Vielleicht finden Sie sich aber auch selbst wieder. Wie gesagt: Schwächen, die einem bewusst sind, können weniger schaden. Und wer andere besser in den Griff bekommen möchte, sollte immer bei sich selbst anfangen. Insofern könnten die folgenden Ausführungen von doppeltem Nutzen sein.

Der Vielredner
Menschen, die mit den Wörtern nicht fertig werden, können sich in ihrem Psychogramm deutlich unterscheiden. Drei Hauptursachen lassen sich voneinander abgrenzen.
- (Fachliche) Unsicherheit: Es gibt Menschen, denen geht der Mund über – vor allem, wenn sie von einem Thema keine Ahnung haben. Die Strategie besteht darin, Nichtwissen mit vielen Wörtern zu verdecken. Sie verlegen sich auf ein Ablenkungsmanöver in der Hoffnung, dass die zunehmende Entfernung vom Thema nicht bemerkt wird. Prüflinge und Bewerber tun dies gern, wenn sie auf dem falschen Fuß erwischt wurden, ebenso Politiker, die sich nicht festlegen wollen.
- Ausgeprägtes Mitteilungsbedürfnis (Extraversion): Es gibt Zeitgenossen, die missbrauchen jeden Gesprächspartner, der ihnen aufgrund seiner Rolle zu-

hören muss. Manchmal liegt es daran, dass sie sonst niemanden haben, der ihnen geduldig ein Ohr schenkt, oft ist es die Leidenschaft zu einem Thema, die mit ihnen durchgeht. In diesem Sinne reden Mitarbeiter mit langer Betriebszugehörigkeit gern und endlos über alte Zeiten.
- Eitelkeit: »Der hört sich gern reden« – dieses Urteil wird immer mal über andere gefällt und ist wenig schmeichelhaft. Bewerber sollten bei allem Selbstbewusstsein aufpassen, dass sie nicht den Eindruck erwecken, sich für das Gelbe vom Ei zu halten.

Umgang mit dem Vielredner
Es gibt ein uraltes Gebot des Common Sense: Der Gast passt sich dem Gastgeber an. Als Bewerber üben Sie sich folglich in der Rolle des guten Zuhörers. Setzen Sie deshalb Fragen ein, wenn Sie Ihr Gegenüber unterbrechen wollen. Diese Art, zu Wort zu kommen, wird am ehesten akzeptiert. Wer fragt, zeigt ja in der Regel Interesse an seinem Gesprächspartner.

Verwenden Sie für Ihre Frage idealerweise ein Stichwort (Aufhänger), das Ihnen Ihr Gesprächspartner selbst geliefert hat. Beispiel: »Herr Dingenskirchen, Sie sprachen vorhin vom Engagement Ihres Unternehmens in Portugal. Welche Überlegungen gibt es in Richtung Brasilien?« Oder: »Sie erwähnten eingangs, dass sich die Anforderungen an die Mitarbeiter seit Ihrem Start vor zehn Jahren erheblich geändert hätten. Auf welche Eigenschaften legen Sie denn heute besonders viel Wert?« Mit dieser Technik bekommen Sie zwar nicht mehr Redeanteile, Sie können aber den inhaltlichen Gesprächsverlauf steuern.

Der Wortkarge
Warum ist jemand so? Hier sind die möglichen Ursachen für ein verschlossenes Verhalten.
- Introversion: Menschen unterscheiden sich in der Einstellung des Ich zum sozialen Umfeld. Der Extravertierte sucht die Nähe zu anderen, ist kontakt- und kommunikationsfreudig. Der Introvertierte genügt sich selbst und bleibt in sozialen Situationen lieber im Hintergrund – Tendenz »Schneckenhaus«.
- Taktik: Die schwierigsten Gesprächspartner sind jene, die sich selbst bedeckt halten und ihr Gegenüber kommen lassen. Oft verziehen sie keine Miene, sodass nicht annähernd erkennbar wird, wie das Gesagte ankommt. Die besonders rücksichtslosen Taktiker schauen zum Fenster hinaus oder in Akten, während der Bewerber spricht. Die Motive für dieses Verhalten können unterschiedlich sein. Manche wollen damit die Stressresistenz eines Bewerbers testen – Lässt er sich verunsichern? –, andere erwarten, dass der Bewerber sein Gegenüber aus der Reserve lockt.

- Unsicherheit: Manche Menschen verhalten sich in Sozialkontakten zurückhaltend, weil sie ein mangelhaftes Selbstwertgefühl haben oder Angst, etwas Falsches zu sagen.

Umgang mit dem Wortkargen

Am ehesten lässt sich ein Mensch durch eine Frage »öffnen«. Dabei ist zu bedenken, dass es zwei Arten von Fragen gibt: offene und geschlossene. Beispiel: »Braucht man praktische Erfahrungen, um bei dieser Aufgabe erfolgreich zu sein?« – »Ja.« Das war eine geschlossene Frage, die in der Regel mit Ja oder Nein beantwortet wird. Ein Dialog kommt so nicht zustande. Anders verhält es sich bei offenen Fragen: »Welche praktischen Erfahrungen braucht man, um erfolgreich zu sein?« Jetzt gibt auch der eher zugeknöpfte Gesprächspartner einige Informationen. Achten Sie als Bewerber generell darauf, offene Fragen zu stellen.

- Lassen Sie sich durch die Passivität Ihres Gesprächspartners nicht nötigen. Seelenstärke zeigt sich auch in der Fähigkeit, Pausen auszuhalten.
- Suchen Sie den nonverbalen Dialog durch Augenkontakt. Nicht fixierend wie das Kaninchen vor der Schlange, aber doch offen und selbstbewusst.
- Interpretieren Sie die Reserviertheit Ihres Interviewpartners nicht gleich als Desinteresse an Ihrer Person. Viele Bewerber neigen dazu und werden dann in Ihrer Selbstdarstellung konfus.

Der Misstrauische

»Man kann nicht ohne jeden Anhaltspunkt und ohne alle Vorerfahrung Vertrauen schenken.« Viele, die diese Empfehlung des Soziologen Niklas Luhmann in den Wind geschlagen haben, mussten dies später bitter bereuen. Es gibt also Menschen, die ihre Lektion inzwischen gelernt haben und vorsichtig sind. leider wird dann manchmal jeder Blick zu einem bösen Blick.

Wer in Personalverantwortung steht und insbesondere für die Einstellung neuer Mitarbeiter zuständig ist, muss misstrauisch sein. Immerhin sind die Anthropologen der Ansicht, dass sich die Kunst des Tarnens und Täuschens in der Menschheitsgeschichte äußerst rasant entwickelt hat und den Experten auf diesem Gebiet einen enormen Wettbewerbsvorteil beschert. Ihr Gesprächspartner muss also – wenn er als Personalbeschaffer einen guten Job machen will – misstrauisch sein. Wie könnte man sein Vertrauen gewinnen?

Umgang mit dem Misstrauischen

»Nichts macht den Menschen argwöhnischer, als wenig zu wissen.« Diese Aussage von Francis Bacon aus dem 17. Jahrhundert ist zeitlos. Aus ihr ergibt sich auch eine Handlungsanweisung für Bewerber.

- Offenheit ist die beste vertrauenstiftende Maßnahme. Dies kann sich zum Beispiel darin zeigen, eine Lücke im Lebenslauf selbst anzusprechen und nicht schönzureden.
- »Was halten Sie von der Balanced Scorecard?« Nie etwas davon gehört? Keine großen Worte machen, sondern Nichtwissen einräumen.
- Misstrauische Menschen brauchen überprüfbare Informationen und Daten. Seien Sie exakt in den Zeitangaben – Pi mal Daumen kommt gar nicht gut an.
- Beispiele und Referenzen wirken immer gut.

Die Mimose
»Die Mimose, auch Schamhafte Sinnpflanze genannt, ist eine sehr depressive und faule Pflanze, die auf Intim- und Kuschelberührungen sehr empfindlich mit dem wütenden Einziehen ihrer Blätter reagiert« (www.stupidedia.org/stupi/Mimose). Menschen unterscheiden sich in ihrer seelischen Verletzbarkeit. Die einen haben eine Hornhaut auf der Seele und andere sind psychisch wundgescheuert und verhalten sich mimosenhaft.

Umgang mit der Mimose
- »Aus Ihrer Anzeige ging nicht eindeutig hervor ...« Ein sensibler Gesprächspartner hört hier den Vorwurf heraus, nicht präzis formuliert zu haben. Das Gespräch läuft ab jetzt gegebenenfalls nicht mehr reibungslos. Besser: »Besonders angesprochen hat mich die Formulierung ... Könnten Sie mir dazu weitere Einzelheiten erläutern?«
- Vorsicht bei der Wortwahl. Formulierungen wie »Da haben Sie mich falsch verstanden« werden als Schuldzuweisung empfunden. Die Mimose findet den Satz »Vielleicht habe ich mich nicht ganz korrekt ausgedrückt« besser.
- »Wie ich vorhin schon einmal versucht habe, Ihnen darzulegen ...« Die Mimose hört hier einen Zweifel an der eigenen intellektuellen Leistungsfähigkeit heraus.
- Die Mimose braucht Balsam für die Seele. Wenn es dem eigenen Anliegen nicht schadet, darf man der Mimose durchaus Komplimente machen.

Der Besserwisser
Um einem möglichen Missverständnis vorzubeugen: Es gibt Menschen, die aufgrund ihrer Sachkenntnis nur zu beneiden sind. Es gibt aber auch Menschen, die nach dem Motto verfahren: »Ich habe zwar keine Ahnung, aber dafür weiß ich es ganz genau.« Besserwisser sind schwache Persönlichkeiten – sie stehen unter dem Zwang, sich und anderen ständig die eigene Vorzüglichkeit beweisen zu müssen. Wie besessen kämpfen sie dabei manchmal um banale Siege in alltäglichen Kleinigkeiten. Starke Persönlichkeiten, um den Kontrast deutlich zu machen, können zu ihren Fehlern, Irrtümern und Schwächen stehen. Genau das macht sie ja stark.

Umgang mit Besserwissern
- Nicht rivalisieren! Hier geht es meist ja nicht um richtig oder falsch, sondern um Eitelkeiten.
- Wenn man seinen eigenen Standpunkt nicht verraten möchte, gilt es, dem Besserwisser eine Brücke zu bauen. Geben Sie ihm recht, wo es Ihnen selbst nicht weh tut, und machen Sie dann deutlich, dass Sie sich gar nicht im Gegensatz zueinander befinden. Beispiel: »Das meiste, was man heute an den Universitäten lernt, ist praxisferne Theorie. Und Theoretiker können wir hier gar nicht gebrauchen.« – »Da kann ich nur zustimmen – einige Professoren sind ziemlich abgehoben. Aber ich hatte unter anderem einen Professor für Wirtschaftsinformatik, der zunächst mehrere Jahre in einem Unternehmen erfolgreich war. Was wir da gelernt haben, war absolut anwendungsbezogen.«
- »Wer die Instinkte übersieht, wird von ihnen aus dem Hinterhalt überwältigt.« Dies gab einst der Psychoanalytiker C. G. Jung zu bedenken. Man hüte sich deshalb vor Siegen über Vorgesetzte! Diesen Gedanken sollte man in Situationen mit starkem sozialem Gefälle zumindest im Kopf haben. Wenn Schmidtchen Schmidt einen Fehler nachweist oder diesen argumentativ an die Wand fährt, könnte er ein Problem bekommen. Achten Sie grundsätzlich darauf, dass der Besserwisser sein Gesicht wahren kann.

Der Nörgler
Menschen beziehen ihr Selbstwertgefühl und ihre Zufriedenheit mehr oder weniger aus dem Vergleich mit anderen. Was hat mein Nachbar, Kollege oder bester Feind bisher im Leben erreicht und wo stehe ich? Es gibt Zeitgenossen, die kommen zu frustrierenden Ergebnissen, die die eigene Unzufriedenheit noch steigern.

Hier ist Abhilfe geboten und dafür gibt es zwei Wege: Man wird selbst erfolgreicher oder macht die Erfolge anderer runter. Ersteres scheidet meist aus, weil die betreffende Person dies bereits diverse Male ausprobiert hat, deshalb bleibt meist nur die Variante der Entwertung dessen, was andere erreicht haben. Jemand ist beruflich erfolgreich? »Glück!«, »Beziehungen!« oder »Intrigant!« – ruft der Nörgler und versöhnt sich ein wenig mit seinem Versagen.

Notorische Nörgelei ist eine Art Selbsttherapie. Hinzu kommt, dass Nörgler Verbündete suchen, die ihr negatives Weltbild teilen. Und da das gemeinsame Klagen und Meckern über dies und jenes Nestwärme und Geborgenheit schafft, werden sie meist fündig. Verlierer finden sich immer. Als Bewerber müssen Sie hier auf der Hut sein. Lassen Sie sich nicht vereinnahmen. Und passen Sie auf, dass Ihnen keine Falle gestellt wird.

Umgang mit Nörglern
- Nörgler suchen Bestätigung. Sie brauchen Menschen, die ihr Lebensgefühl teilen. Wenn man sich selbst nicht untreu wird, kann man – in Maßen – dem Nörgler geben, was er braucht. Ja, die Zeiten sind nicht so, wie sie sein sollten.
- Bestätigen Sie einen Nörgler niemals, wenn seine Haltung eine Gefahr für das Erreichen von Unternehmenszielen darstellen könnte. Konstruktive Kritik ja – destruktives Herumnörgeln nein!
- Wenn Ihr Interviewpartner Dritte kritisiert, halten Sie sich mit Ihrem Urteil zurück. Und seien Sie besonders vorsichtig, wenn er sich negativ über seinen Vorgesetzten äußert. Hier könnte auch Ihre Loyalität getestet werden. Etwa: »Ich hätte das Stellenangebot völlig anders getextet, aber mein Geschäftsführer wusste ja mal wieder alles besser.« Hier ist zu bedenken, dass in manchen Firmen Personaler als Erfüllungsgehilfen gesehen werden und nicht die Wertschätzung erfahren, die sie sich wünschen.

Der Zyniker
Was ist eigentlich ein Zyniker? »Mein Chef ist ein Zyniker!« Was heißt das eigentlich genau, obwohl wir die Botschaft dieser Aussage zu verstehen meinen? Zyniker
- sind oft gescheiterte Idealisten, das heißt, sie haben sich einmal für eine Sache stark engagiert und sind nun desillusioniert,
- nehmen kein Blatt vor den Mund und
- sind gern ironisch oder sarkastisch – stehen also über den Dingen.

> **Praxis-Beispiel**
> »Können Sie mir sagen, was ich falsch gemacht habe, weil ich nach 20 Jahren immer noch Geschäftsführer in diesem Unternehmen bin?« Grenzwertig zynisch äußerte sich die französische Königin Marie Antoinette, als man ihr als Grund für den Unmut in der Bevölkerung erklärte, dass die Menschen kein Brot hätten. »Dann sollen sie doch Kuchen essen«, war angeblich ihre Antwort.

Umgang mit Zynikern
- Menschen muss man bekanntlich da abholen, wo sie mental stehen. Wer bei einem Zyniker auf Optimismus macht, wird ihn verpassen.
- Sich nicht ins Bockshorn jagen lassen! Zyniker übertreiben gern und beobachten manchmal genüsslich die Reaktion ihres Gesprächspartners.
- Der Zyniker sucht oft einen Sparringspartner, mit dem er sich messen kann. Wer gut kontert, bekommt seine Wertschätzung. Beispiel: »Ich soll mehr Werbung machen? Henry Ford hat mal gesagt, dass 50 Prozent der Werbegelder zum Fenster hinaus geworfen sind.« Reaktion: »Ich möchte mit Ihnen über die anderen 50 Prozent reden.«
- Hüten Sie sich vor Zynikern, die destruktiv und menschenverachtend sind. Die Zusammenarbeit wird kein Vergnügen.

- Zynische Äußerungen können auch ein Test sein. Beispiel: »Diese ganzen Restrukturierungsprogramme bringen doch alle nichts. Es kommt doch immer nur wieder dasselbe dabei heraus.« Wer hier begeistert zustimmt, entlarvt sich als Gegner von Veränderungsprozessen oder als jemand, der anderen nach dem Mund redet.

Der Pedant
Pedanterie ist eine zwiespältige Eigenschaft und als Bewerber sollte man sich vor einem schnellen Urteil hüten. Menschen, die bisweilen als Pedanten abqualifiziert werden, sind in bestimmten Aufgaben absolut erwünscht. Man kann sich jedenfalls schwer vorstellen, einen Chirurgen oder Piloten oder Wartungstechniker als Pedanten zu beschimpfen.

Andererseits gibt es Menschen, die in Sachen Genauigkeit einem Zwangsverhalten unterliegen. Und das kann allen Beteiligten den Alltag beschwerlich oder gar zur Hölle machen. Psychologisch auffällige Pedanten
- richten ihr gesamtes Verhalten an der Vermeidung von Fehlern aus,
- lehnen das Prinzip »Versuch-und-Irrtum« von Herzen ab,
- wollen alles bis ins letzte Detail unter Kontrolle haben,
- können unsichere oder unüberschaubare Situationen schwer ertragen und
- entwerten gute Vorschläge manchmal nur wegen eines Tippfehlers.

Umgang mit Pedanten
Als Bewerber wissen Sie vorab nie, ob Sie an einen Pedanten geraten. Deshalb ist auch allemal auf der sicheren Seite, wer seine Unterlagen äußerst akkurat aufbereitet. Wenn Sie merken, dass sich Ihr Interviewpartner eher vom »kleinen Karo« leiten lässt, vermeiden Sie Formulierungen wie »in etwa«, »ungefähr« oder »über den Daumen«. Der Pedant hasst Aussagen, die nur eine »mondlichtige Genauigkeit« (Thomas Mann) erreichen. Also: Pedanterie mit Pedanterie beantworten!

Prüfen Sie bei dem Job, um den Sie sich bewerben, was wichtiger ist: Die Liebe zum Detail oder eher der große Überblick? In manchen Jobs scheitert der Mitarbeiter, der sich in Details verliert, in anderen derjenige, der nur konzeptionell-strategisch denkt.

> **Hinweis**
> Das war eine kurze Typologie von Zeitgenossen, die einem überall begegnen können. Praktische Menschenkenntnis – also andere richtig einschätzen und nach ihrer Art behandeln – gehört zu den wichtigsten Voraussetzungen für den privaten und beruflichen Erfolg. Versuchen Sie deshalb auch als Bewerber, sich ein Bild von Ihrem Gegenüber zu machen, denn so kommen Sie mit ihm auf Augenhöhe.

FAQ: Personalberater-Tipps zu speziellen Bewerberproblemen

In diesem Kapitel werden im Rahmen eines Frage-Antwort-Spiels vom Autor spezifische Bewerberfragen thematisiert, die nicht jeden Jobaspiranten betreffen, aber interessante Aspekte beleuchten. Sie können sicher als Orientierungshilfe für manchen hilfreich sein.

»Wäre Weglassen Betrug?«
Bewerber: »Vor einigen Jahren habe ich eine neue Stelle angetreten, in der mir nach vier Monaten gekündigt wurde. Soll ich dies bei meinen zukünftigen Bewerbungen angeben oder aus meinem Lebenslauf löschen?«

Müller-Thurau: »Bitte erwähnen Sie diese Schramme in Ihrem Werdegang und stehen Sie dazu. Fragen Sie sich, was Sie aus diesem beruflichen Malheur gelernt haben, und tragen Sie dies im Vorstellungsinterview ohne Umschweife vor. Bei den meisten Bewerbern wirkt sich nicht das Scheitern an sich negativ aus, sondern die Art und Weise, wie sie damit umgehen. Bekannt ist dieses Phänomen von Politikern, die erst durch den Umgang mit einem Fehler ihren Absturz bewirkt haben.«

»Ich habe sechs Monate Leerlauf im Lebenslauf.«
Bewerber: »Ich habe vor sechs Monaten mein Studium mit Examen beendet und suche seitdem erfolglos nach einer Festanstellung. Wie kann ich diese lange Zeit des Nichtstuns in meinem Lebenslauf verpacken?«

Müller-Thurau: »Auf keinen Fall schreiben Sie in Ihrem tabellarischen Lebenslauf »seit dann und dann arbeitsuchend«, sondern »ohne Anstellung«. Bemühen Sie sich um ein (auch unbezahltes) Praktikum oder wenigstens eine Ihr Studium sinnvoll ergänzende Fortbildungsmaßnahme. Sie können dann anführen »Zurzeit absolviere ich …« Damit ist das Nichtstun aus der Welt und eventuell gibt es für die entsprechende Aktivität einen Pluspunkt.«

»Wie sehr darf man sich loben?«
Bewerber: »Darf beziehungsweise sollte ich schreiben, dass ich überzeugt bin, der richtige Kandidat zu sein?«

Müller-Thurau: »Nein! Nach der Lektüre eines Stellenangebots kann man nur vermuten, ob die Aufgabe passt oder nicht passt. Im Übrigen wünscht sich jeder Personaler Bewerber, die ihrerseits kritisch prüfen, ob sie im Fall eines Angebots den Job annehmen oder lieber ablehnen sollten. Formulierungen wie »Ich bin mir sicher …« streichen.«

»Soll ich mein nebenberufliches Studium bereits im Anschreiben erwähnen?«
Bewerberin: »Ich bin zurzeit als Sachbearbeiterin Beschaffung fest angestellt und suche in diesem Bereich eine neue Aufgabe. Berufsbegleitend studiere ich seit drei Semestern BWL und strebe einen Bachelorabschluss an. Kann es an diesem Studium liegen – das ich im Lebenslauf erwähne –, dass ich kaum zu Vorstellungsgesprächen eingeladen werde?«

Müller-Thurau: »Ja, das kann es. Hier die zwei Hauptgründe. Erstens: Manche Arbeitgeber fürchten, dass das Studium zu viel Energie und Zeit bindet. Zweitens: Die Erfahrung zeigt immer wieder, dass Mitarbeiter nach Abschluss des nebenberuflichen Studiums mehr Geld haben wollen oder eine anspruchsvollere Aufgabe anstreben und dann gegebenenfalls kündigen. Machen Sie im Anschreiben erst einmal auf sich neugierig und erwähnen Sie das Studium später im CV.«

»Ich habe keine disziplinarische Führungserfahrung.«
Bewerber: »Ich habe Erfahrung als Projektleiter, nicht aber als Teamleiter mit direkter Führungserfahrung. Wird mir dies als Nachteil ausgelegt?«

Müller-Thurau: »Nicht unbedingt. Gehen Sie davon aus, dass Mitarbeiterführung anspruchsvoller ist, wenn man die Funktion des Fachvorgesetzten ausübt. In diesem Fall sollten Sie die persönliche und fachliche Autorität als Eigenschaft anführen, weil Ihnen ja keine disziplinarischen Sanktionsmöglichkeiten zur Verfügung standen. Wer aus diesem Status heraus Mitarbeiter erfolgreich geführt hat, kann darauf stolz sein. Dies ist allerdings bereits im Anschreiben deutlich zu machen.«

»Meine Noten als Naturwissenschaftler sind schlecht.«
Bewerber: »Ich bin Diplom-Biologe und bewerbe mich bisher ohne Erfolg um wissenschaftliche Stellen. So langsam setzt sich bei mir der Verdacht fest, dass ich aufgrund meiner Note (Drei) nicht interessant genug bin. Die Arbeitszeugnisse meiner Praktika sind sehr gut. Außerdem sagen alle, dass ich sehr gute Bewerbungsschreiben verfasse.«

Müller-Thurau: »In den Natur- und Rechtswissenschaften wird bekanntlich sehr auf Noten geachtet. Sie bewerben sich – wie viele Jobsucher – um die falschen Aufgaben und dann schiebt man Frust. Kaprizieren Sie sich nicht auf wissenschaftliche Jobs, sondern auf Tätigkeitsgebiete, bei denen ein naturwissenschaftliches Studium eine gute Voraussetzung für den Erfolg ist, aber vor allem Soft Skills zählen. Denkbar sind zum Beispiel PR-, Marketing- und Vertriebsaufgaben in forschungsintensiven Unternehmen oder bei einschlägigen Verbänden. Hier müssen Sie freilich auf dem Gebiet der kommunikativen Kompetenz gut sein.«

»Seit zehn Tagen herrscht Funkstille.«
Bewerber: »Nach einem Interview habe ich seit zehn Tagen nichts mehr gehört. Soll ich per E-Mail nachfragen oder direkt anrufen?«

Müller-Thurau: »Manche Bewerber erkundigen sich nach zwei Tagen, ob die Bewerbungsunterlagen wohlbehalten angekommen seien. Andere vermelden, dass sie drei Tage verreist waren, und fragen, ob man sie zwischenzeitlich zu erreichen versucht habe. Nein! Das wirkt nicht überzeugend und führt bisweilen dazu, dass ein Kandidat gestrichen wird. Wenn alle Interessenten ständig um Auskünfte bitten würden, wäre die zuständige Abteilung arbeitsunfähig. Wenn Sie zehn Tage nichts hören, muss dies gar nichts bedeuten. Vielleicht wurde ein Vorstellungsgespräch verschoben oder ein Kollege, dessen Bewertung noch eingeholt werden muss, befindet sich auf einer Dienstreise. Bleiben Sie gelassen.«

»Sollte man nach zwei Jahren im Job noch etwas über die Abschlussarbeit zum Bachelor oder Master sagen?«
Bewerber: »Das Thema meiner Bachelorarbeit liegt im Bereich Logistik, speziell geht es um Supply-Chain-Management. Sollte ich nach zwei Jahren im Job noch etwas darüber sagen beziehungsweise schreiben?«

Müller-Thurau: »Es kommt drauf an, um welche Aufgabe Sie sich bewerben. Wenn es um einen Job in der Containerbranche geht, gehört das Thema der Arbeit im Zweifelsfall in das Anschreiben, auf jeden Fall sollte es im tabellarischen Lebenslauf angeführt werden. Kurzum: Die Abschlussarbeit ist zu erwähnen, wenn es eine inhaltliche Nähe zur angestrebten Position gibt.«

»Wie konkret müssen Gehaltswunsch und Eintrittstermin angegeben werden?«
Bewerber: »Ich bin mir hinsichtlich meines Gehaltswunschs als Berufseinsteiger total unsicher und möchte mich bezüglich meines Starttermins wegen einer geplanten größeren Reise nach dem Examen ungern festlegen. Wie soll ich mich diesbezüglich im Anschreiben äußern?«

Müller-Thurau: »Der Abschluss einer Ausbildung – vor allem eines Studiums – markiert eine Zäsur im Lebenslauf. Hier darf man sich durchaus einen Wunsch erfüllen, der sich im späteren Berufsleben nicht mehr so leicht umsetzen lässt. Andererseits wäre es unklug, eine Riesenchance zu vergeben, weil man unbedingt Timbuktu sehen möchte. Einsteiger kommen mit der Formulierung »Eintrittstermin flexibel« gut an. Zur Not lassen Sie dann eben eine Station der geplanten Weltreise sausen. Über die Gehaltswünsche wurde bereits an anderer Stelle gesprochen. Faustregel: hohe Reisekosten zum Vorstellungsinterview –

Gehaltsvorstellung benennen. Bei einem Vorstellungstermin um die Ecke kann man sich noch bedeckt halten oder es zumindest versuchen.«

»Soll ich meine Tätigkeit im Betriebsrat erwähnen?«

Bewerber: »Ich bin seit zwei Jahren im Betriebsrat – nicht freigestellt – und habe diverse Seminare zum Arbeitsrecht besucht und Erfahrungen im Konfliktmanagement gesammelt. Soll ich das im Lebenslauf erwähnen?«

Müller-Thurau: »Ja. Jedes Unternehmen sollte an einem Betriebsrat interessiert sein, der konstruktiv die Arbeitnehmerinteressen vertritt und zugleich loyal zum Unternehmen steht. Grundsätzlich würde ich dieses spezielle Engagement im CV erwähnen, denn dadurch wird man ja nicht dümmer und zeigt Verantwortungsbewusstsein. Wenn einem Unternehmen dies nicht gefällt, würde man dort allemal nicht seine berufliche Heimat finden.«

»Gehört die betriebsbedingte Kündigung in das Anschreiben?«

Bewerber: »Soll ich bereits im Anschreiben erwähnen, dass mir betriebsbedingt gekündigt wurde?«

Müller-Thurau: »Nein. In das Anschreiben gehören Informationen, die Sie für die angestrebte Aufgabe empfehlen. So einfach ist das – und manchmal auch so schwer. Erklärungen, warum man kurzfristig auf dem Markt ist, will kein Mensch lesen. Erst einmal muss das Profil einigermaßen stimmen, alles andere wird im Gespräch abgeklärt. Betriebsbedingte Kündigungen generieren heutzutage keinen Erklärungsbedarf seitens eines Bewerbers, denn die Betroffenen befinden sich in bester Gesellschaft.«

»Ich bin 57 Jahre alt.«

Bewerber: »Ich bin 57 Jahre alt und verfüge über fundierte Erfahrungen in der Textilindustrie – einer in Europa sterbenden Branche. Haben Sie einen Tipp, wie ich eine neue Herausforderung finden könnte?«

Müller-Thurau: »Mein Mutmacher: Ich hatte einmal die Position »Betriebsleiter Fertigung« zu besetzen und bekam als Personalberater die Vorgabe, einen geeigneten Kandidaten nicht unter 55 Jahre zu präsentieren. »Wie bitte?«, habe ich meinen Auftraggeber gefragt. Die Erklärung war schlüssig. Im Unternehmen gab es drei Youngster, die auf diese Position spekulierten, aber noch nicht so weit waren. Hätte man diesen hoffnungsfrohen Nachwuchskräften eine junge Führungskraft vor die Nase gesetzt, wären sie möglicherweise gegangen. Mit dieser Lösung blieb alles offen. Der Senior erwies sich als hervorragender Mentor und Coach, der nicht nur einen guten Job machte, sondern sich engagiert um den Nachwuchs kümmerte. Solche Aufgaben gibt es, aber man braucht ein wenig Glück, sie zu finden.«

»Ich habe lange studiert.«
Bewerber: »Ich habe recht lange VWL studiert und begründe das bereits im Anschreiben damit, dass meine Frau eine Vollzeitarbeitsstelle hat und ich mich um unsere Tochter gekümmert habe. Ist das eine gute Idee?«

Müller-Thurau: »Nein, das ist keine gute Idee. Es gibt Arbeitnehmerinnen und Arbeitnehmer, die einen tollen Job machen und sich obendrein um ihre Kinder kümmern. Als Student mit deutlich mehr Freiräumen hinsichtlich der Gestaltung des Arbeitstages dürfen Sie hier nicht auf mildernde Umstände spekulieren. Finden Sie also eine bessere Erklärung für die lange Studiendauer.«

»Wie soll man es mit dem Duzen halten?«
Bewerber: »Ich bin neu in meinem Unternehmen und versuche als Führungskraft die Gratwanderung zwischen Distanz und Nähe zu schaffen. Auf der einen Seite möchte ich mich nicht vorschnell mit den falschen Leuten verbrüdern, andererseits möchte ich auch nicht distanziert und arrogant wirken.«

Müller-Thurau: »Dies ist eine Frage der Unternehmenskultur. Der Vorstand des Handelskonzerns Otto Group will seine weltweit 53.000 Mitarbeiter mehr einbinden und hat ihnen deshalb das Du angeboten. Hans-Otto Schrader möchte von seinen Mitarbeitern künftig »Hos« genannt werden – sofern diese einverstanden sind. Es gibt in Deutschland einen erkennbaren Trend zu dieser Art des persönlichen Umgangs nach schwedischem Muster. Falls das Du (noch) nicht zur Unternehmenskultur gehört, sollte es freilich nicht bei einem feucht-fröhlichen Gelage eingeführt werden.«

»Ich möchte als Führungskraft wieder absteigen.«
Bewerberin: »Ich bin zurzeit Teamleiterin und möchte wieder eine Aufgabe als Sachbearbeiterin ohne Personalverantwortung übernehmen. Soll ich im Anschreiben darauf hinweisen, dass ich aus persönlichen und privaten Gründen keine Führungsaufgabe mehr wahrnehmen möchte?«

Müller-Thurau: »Nein. Sagen Sie im Anschreiben, was Sie wollen, nicht, was Sie nicht wollen. Schreiben Sie, warum die Aufgabe gut zu Ihnen passen könnte und was Sie sich von ihr versprechen. Alles andere wird im Vorstellungsgespräch abgeklärt.«

»Was lesen Sie gerade?«
Bewerber: »Auf einer »Recruiting Page« wurde ich nach meinen Lieblingsschriftstellern gefragt. Was soll man denn da antworten – auch wenn man sich für recht belesen hält?«

Müller-Thurau: »Nenne mir deine Lieblingslektüre und ich sage dir, wer du bist! Dieser Satz ist nicht völlig abzuweisen und daher wird gern nach den Lesegewohnheiten gefragt. Wer gern Arztromane liest, ist vermutlich anders gestrickt als jemand, der sich für Science-Fiction interessiert.

Es gibt immer noch Bewerber, die auf die Frage, was sie denn so lesen, mit »Bücher« antworten. Und auf Nachfrage, was denn das für Bücher seien, kommt die Reaktion: »Alles Mögliche.« So setzt sich der Befragte natürlich dem Vorwurf der Beliebigkeit aus und gerät aufgrund einer eher banal erscheinenden Frage in ein ungünstiges Licht.

Mein Tipp zu dieser Frage: Wenn Sie sich in einem internationalen Unternehmen bewerben, wäre es schön, wenn Sie nicht nur deutsche Autoren gelesen haben. Wer nach Italien geht und mit Dante nichts anfangen kann – die ersten Verse der »Göttlichen Komödie« kennt jedes Kind auswendig –, sollte Versäumtes schnell nachholen. Und wer sich in Lübeck bewirbt, sollte mit Thomas Mann etwas anfangen können. Natürlich muss es nicht gleich der Lieblingsschriftsteller sein.«

»Ich habe keine Hobbys.«
Bewerber: »Muss ich mir in Sachen Hobbys etwas aus den Fingern saugen? Soll ich sagen, dass ich gern Fahrrad fahre?«

Müller-Thurau: »Nein. Sie müssen sich nicht verbiegen und jemand sein wollen, der Sie gar nicht sind.«

»Wie soll ich meine Sprachkenntnisse spezifizieren?«
Bewerber: »Was heißt eigentlich »verhandlungssicher«?«

Müller-Thurau: »Orientieren Sie sich an der folgenden Rangordnung: verhandlungssicher, sehr gut in Wort und Schrift, gut in Wort und Schrift, entwickelte Schulkenntnisse, Grundkenntnisse. Mogeln Sie nicht, denn im Vorstellungsgespräch kann schnell ein Kollege hinzugezogen werden, der Englisch oder Spanisch spricht. Was aber bedeutet »verhandlungssicher« konkret? Sie verstehen Ihren Partner sehr genau, können Nuancen vermitteln und sprachlich präzise argumentieren. Im Geschäftsleben bedeutet dies vor allem auch, dass Sie über Preise und Konditionen verhandeln können.

Wer will, kann zur Klassifikation seiner Sprachkenntnisse den europäischen Referenzrahmen verwenden. Dieser unterteilt sich in folgende Stufen: A1/A2 steht für elementare Sprachverwendung, B1/B2 für eine selbstständige Sprachverwendung und C1/C2 für die kompetente Sprachverwendung.«

»Sollte man heutzutage nicht generell einen amerikanischen Lebenslauf verfassen?«
Bewerberin: »Ich habe gelesen, dass man im Zuge der Globalisierung einen amerikanischen Lebenslauf verfassen sollte. Alles andere wirke altmodisch und von gestern. Was raten Sie?«

Müller-Thurau: »Denken Sie mit dem Kopf des Adressaten. Wenn Sie sich bei einem ausschließlich den Heimatmarkt bedienenden mittelständischen Unternehmen bewerben, kommen Sie mit dem amerikanischen CV nicht zwingend gut an. Da werden Sie vom Personalleiter mental schon an die Wand genagelt, wenn Sie bei den Zeitangaben mit dem Monat beginnen. Wenn Sie sich international umsehen, sollten Sie mit einem CV »reverse chronological« arbeiten. Also »last job first«. Allerdings gibt es eine Ausnahme: Wer seit einem Jahr arbeitslos ist, sollte den CV nicht damit beginnen. In diesem Fall empfehle ich, den Lebenslauf klassisch zu gestalten und erst einmal zu zeigen, was Sie im Leben so alles hinbekommen haben.«

»Ich war Geschäftsführer.«
Bewerber: »Ich war bis vor kurzem Geschäftsführer in dem Betrieb meines Schwiegervaters. Einstweilen ist die Ehe gescheitert und meinen Job bin ich auch los. Bei meinen Bewerbungen auf Positionen als Geschäftsführer war ich bisher erfolglos. Wie gehe ich mit dieser Tatsache, immerhin Geschäftsführer gewesen zu sein, in meinen Bewerbungen um?«

Müller-Thurau: »Vergessen Sie den Geschäftsführer! Das riecht total nach Protektion und deshalb nicht gut. Hängen Sie die Aufgabe niedriger. Beschreiben Sie Ihre fachlichen und fachübergreifenden Qualifikationen und reden Sie nicht über fragwürdige hierarchische Positionierungen.«

»Ich habe einen Konkurs hingelegt.«
Bewerber: »Nach dem Studium habe ich mit einigen Mitstreitern eine kleine GmbH gegründet, die auf dem Gebiet der IT-Beratung – insbesondere SEO – tätig war. Leider mussten wir nach knapp zwei Jahren einen Insolvenzantrag stellen, weil uns ein Mitbewerber preislich unterboten hat. Ich habe dann als Kellner, Möbelverkäufer und Reiseleiter gearbeitet, um meine Schulden bezahlen zu können. Es war mir einfach wichtig, mich meiner Verantwortung zu stellen und meine Gläubiger nicht zu enttäuschen. Entkräfte ich so den möglichen Vorwurf, ich sei beruflich orientierungslos?«

Müller-Thurau: »Es ist keine Schande zu scheitern und es ist ebenfalls keine Schande, als Möbelverkäufer, Kellner oder Reiseleiter gearbeitet zu haben. Unglaubwürdig ist allerdings die Begründung, man habe seine Gläubiger nicht enttäuschen wollen. Wahr ist meist in solchen Fällen, dass einem der Gerichtsvollzieher die Tür einzutreten gedroht hat. Ich würde auch nicht sagen, dass einen ein Mitbewerber in die Pleite getrieben hat, sondern dass man den Markt falsch eingeschätzt hat und die finanzielle Ausstattung schlecht war.«

»Ich bin total verwirrt!«
Bewerber: »Nach der Lektüre von zig Bewerbungsratgebern und dem Besuch eines Bewerbertrainings bin ich verwirrter als vorher. Es gibt so viele widersprüchliche Auskünfte über ein und dasselbe Thema.«

Müller-Thurau: »Das Dilemma ist bekannt. Wer Rat sucht, kann die Qualität der Ratschläge meist nicht selbst beurteilen, sonst müsste er ja keine Unterstützung suchen. Und da es leider sehr viele selbsternannte »Ratgeber« gibt, beherzigen Sie dies: Holen Sie ausschließlich Auskünfte von Profis ein, die Personal auswählen und einstellen und für ihre Entscheidungen den Kopf hinhalten müssen. Sie würden doch auch nicht zu jemandem ins Flugzeug steigen, der zwar das eine oder andere über das Fliegen gelesen, aber niemals ein Flugzeug gesteuert hat. Und schon gar nicht würden Sie sich von ihm das Fliegen beibringen lassen.«

Stichwortverzeichnis

A
Amerikanischer Lebenslauf 30, 161
Anforderungsprofil 120
Angst 48
Anschreiben 16, 19
— Fachkompetenz 21
— Gehaltsvorstellung 23
— Schluss 23
— Soft Skills 22
— Start 20
Arbeitszeugnis
— Interpretation 80
Assessment-Center 139
— Gruppendiskussion 140
— Kurzvortrag 139
— Postkorb 141
— Präsentation 140
Ausbildung 72
Auskunftspflicht des Bewerbers 58
Auslandserfahrung 84

B
Berufserfahrung 56
Bewerbungsmappe 17
Bewerbungsunterlage 30
Big Five 47
— Gewissenhaftigkeit 48
— Introversion/Extraversion 47
— Neurotizismus 47
— Offenheit 47
— Verträglichkeit 48
Bildungsweg 72
Blickkontakt 53, 54
Boreout 107
Burnout 106

D
Deckblatt 17
DIN 5008 16
Dritte Seite 35

E
Einkommenswunsch 117
Eintrittstermin 157
Eisenhower-Prinzip 96

F
Fachkompetenz 94
Fachübergreifende Kompetenzen 94
Festanstellung 92
Foto 17, 34
Führungserfahrung 56, 100

G
Gehaltsverhandlung 115
Gehaltsvorstellung 23, 157
Geisteswissenschaftler 73, 74
Graphologie 135

H
Häufige Stellenwechsel 91
Hobby 160

I
Initiativbewerbung 42
— Anschreiben 43
— Aufhänger 42
Initiativbewerbungen
— per Post 43
Intelligenz 129
Intelligenztest 128
— Vorbereitung 128
IT-Kenntnisse 57

K
Konkurs 161
Körpersprache 64

L
Lange Arbeitssuche 90
Lebenslauf 29, 155
— amerikanischer 30

Stichwortverzeichnis

— Arbeitslosigkeit 32
— Krankheit 32
— Lücke 29, 34, 79
— Reha-Phasen 32
— reverse chronological 30
— Täuschungsversuch 31
Loyalität 105
Lücke im Lebenslauf 29, 34, 79
Lüscher-Farbtest 136

M
Manieren 51
Methodenkenntnisse 30
Mobbing 84

O
Onlinebewerbung 38

P
Persönlichkeitstest 132
Praktikum 75
Praktikumszeugnis 75
Präsentationserfahrung 56
Privathochschule 77
Probezeit 85, 87
Projektmanagement 56
Psychotest 125
— Gütekriterien 126

R
Rechtschreibprogramm 14
Rorschach-Test 137

S
Schlechte Noten 79
Schlüsselerlebnis 78
Schlüsselqualifikation 94
Schwächen 92, 94
Selbstpräsentation 54
Selbstständigkeit 92
Social Media 39
— LinkedIn 40
— Xing 39

Soft Skill 22, 94, 119
— Belastbarkeit 97
— Durchsetzungsfähigkeit 100
— Flexibilität 96
— Konfliktfähigkeit 99
— Kreativität 102
— Teamfähigkeit 98
— Zielorientierung 95
soziale Kompetenz 59
Sprachkenntnisse 57, 160
Stellenangebot 26, 120
Studienabbruch 79, 82, 83
Studium 73, 82, 156

T
Tabellarischer Lebenslauf 16, 28, 33
— Struktur 29

U
Umgang mit Namen 52
Umgang mit Namen 122
Umwegfrage 108

V
Vertraulichkeit 26
Vorstellungsinterview 45, 58
— Fragen 67
— Politik 60
— Recht zur Lüge 57
— situative Fragen 103
— strukturiert 65
— Umwegfrage 108
— unstrukturiert;>;> 66
— Vorbereitung 45, 67

Z
Zeitangaben 15
Zertifikat 36, 94
Zeugnis 18, 36, 37, 94
— fehlendes 37
Zwischenzeugnis 37

Der Autor

Claus Peter Müller-Thurau ist Diplom-Psychologe und seit vielen Jahren als Human-Resources-Manager tätig. Nach dem Studium startete er als Personalberater bei der schwedischen Beratungsfirma Mercury Urval GmbH, danach wurde er Leiter der Personalentwicklung und -nachwuchsförderung im Axel Springer Verlag und später Geschäftsführer der Personal- und Unternehmensberatung Selecteam GmbH. Müller-Thurau ist Dozent an der FOM Hochschule für Oekonomie und Management in Hamburg und hält Vorlesungen in den Fächern HR-Organisation und HR-Staff. Des Weiteren ist er für den Praxisteil eines Zertifizierungsprogramms »Human-Resource-Management« der Universität Hamburg verantwortlich.

Weitere Informationen zum Autor:
www.mueller-thurau.de

Exklusiv für Buchkäufer!

Ihr eBook zum Download:

- http://mybook.haufe.de/
- Buchcode: JEK-8554